好好地走

安姑娘——著
陳曉蕾——編

序

紓緩照顧的温度

香港中文大學醫學院那打素護理學院
陳裕麗博士

在受邀為這本書寫序言時，自己剛在經歷痛失所愛。雖然自己一直致力推動生死教育，但那依依不捨之情難免牽起對昔日相處點滴中的一些悔疚。身邊親友怕觸及我的痛處都未敢多言，這種迴避的態度卻讓我感到更孤單。

在這段心神恍惚的時期，我嘗試翻閱陳曉蕾傳來的這本書，文章言簡意賅地讓我感受到紓緩照顧的温度。很欣賞安姑娘在沉重的臨床工作中仍堅持寫下她的經歷，三年多的時間寫下逾一百六十篇，超過十二萬字，讓我們更了解在面對生命晚期時，病患者的不適、恐懼及顧慮、照顧者對人生的懷疑及內心掙扎、醫護人員對死亡的無力感及這兩年來新冠疫情對照顧所造成的挑戰。

「紓緩照顧」一般來説都帶著傷感的色彩，安姑娘的一言一行卻體現了紓緩照顧的意義。她不只著重身體上的護理，而且洞察所需，給予全人（包括身、心、社、靈）及全家護理。她的分享啟發了病患者及照顧者如何在面對不可改變的局面時，把握晚期的時光「五道人生」（指與摯愛道謝、道愛、道歉、道諒及道別），免卻遺憾，將離愁別緒轉化為出生生不息、代代相傳的懷念。

從教學角度來看，這些文章更是不可多得的教材。當我讀著這些照顧片段時，都不停地想像如果換作是自己會如何應對。日常教學都常會提及到各種溝通技巧，但是醫護及社工學生甚至前線同事往往顯得有點猶豫，怕講錯說話、觸動情緒未能收拾。安姑娘的這些分享是很好的示範，除了具體演繹各樣回應，更讓我們看到說話的力量，如何透過坦然溝通拉近了人與人之間的距離。

醫學再昌明，都經不住生命週期的考驗，怨天尤人，亦不能逆轉生理循環的定律。儘管萬物有時，安姑娘的分享提醒了我們愛意敬意孝心都是不受歲月所限，長留在我們的心坎內。

陳曉蕾將書中文章以廿四氣節輯錄，正好是古詩中「化作春泥更護花」的寫照。

自序
繼續前行的力量

安姑娘

自問是一個沒什麼事業心的人。不過在自己的崗位中，常常希望或多或少可以幫到遇見的病人或者家屬一把。

在寧養科所見的每位病友，他們在漫長的一天中多多少少都自我審視過去生命中的成就和遺憾。面對在疾病中難以忍受的起起跌跌和大大小小不同的症狀。在不同價值觀和各別的慣性下要作出不同抉擇的痛苦，更而完全陌生卻又必須要獨自面對的死亡。

當中所引發各種各樣的衝擊糾結，其實並不單單是病人和家屬要面對，每個前線的照顧者都同樣面對，又或者是長期不為意的迴避著。

曾經有幾年自己在經歷每況愈下、低潮至極的時間，我問自己：「若果生命就此便要終結，我想留下什麼？」這問題，我也不時向病友提問，當時自己的回應是：「希求自己有能力用文字去記錄這些年，在寧養科工作上所經歷的衝擊、對治以及心路歷程。」

點解？

這些都是我過往尋尋覓覓，實證以後的點滴和所找到的一點曙光。希望和有緣路過歇腳的你吹吹水，齊齊抒發悶氣又好，圍爐取暖亦好。

在課堂上提及要以病人為中心，要認識他在身心社靈的各方面的需要。到帶著這一份理念，落實走到寧養科的前線：經歷旁聽前輩和病友、家屬對談時的自我昏沉；經歷放工後在浴室的嚎啕大哭。曾經同問為何上天要對眼前人發出這題艱深的信仰考驗？曾經為病人、家屬經久背負的心結而失眠。曾經懷疑自己是否揀錯專科？

除了在溝通技巧外，更看重是自己對事情慢慢慢慢有不同面向的認識。可以從較高的角度，去看自己的處境與及前行的路向。

「想寫便寫吧！」

我想的是寫出來，留下和同路人分享！最初萌生這種想法的時候，覺得是近乎不可能的事情。寫去邊？誰會看？當時亦沒有心力去實踐，但這念在斷斷續續、若隱若現中一直仍在。

臨終病人對自己工作上所有的肯定：不論是一個微笑、疲憊中的一個眼神、氣若游絲的一聲謝謝、辦理完親屬喪禮後家屬專誠回來的答謝、舊戰友每年聖誕親筆報平安的問候卡⋯⋯

感謝在低谷時身邊默默的守護者，當中包括你們未必記得，在你來看那只是輕描淡寫的一句，舉手之勞的「順便啫」是有幾重要！感恩先賢覺者在經典中所留下的說話、事蹟和行儀。在困境苦惱中的指導和實踐，一切都是繼續前行的力量，引領著出路。

活著不易，前路艱難，你的每一步會如何選擇去和身邊所遇的人好好地走，直到自己這生的終結？如果有永恆生命，你現在又會為下一程作何準備？

目錄

立春　春天來了，萬物復蘇。
15 二十四小時守在太太身邊
17 四十八小時沒有睡
19 與時間競賽
22 女兒的心事
25 生命智者

雨水　天氣漸暖，空氣濕潤，雨水增多。
28 承諾要幸福
30 婆婆的燒賣
32 擔心做錯決定
34 應該去旅行嗎？
36 標靶藥燒銀紙？
39 總是不夠好
41 只剩一個殼
43 紛擾世界很吃力

驚蟄　春雷震響，蟄伏在泥土裡的各種冬眠動物都醒過來。
46 小哥哥，你心裡想什麼？
48 一疊錢唔會自動變照顧
50 家人付出不對等
52 細女仲去旅行
55 孩子不生性？
56 兄妹各施各法

春分　這一天南北兩半球晝夜相等，植物紛紛生長。
59 潛藏二十年的箭
61 媽媽的情感需索
63 不忿照顧爸爸
65 探病發脾氣
67 信仰的角力
70 亞基的伴侶

清明 **草木始發新枝芽，人們到郊外踏青。**

73 沒法入睡
75 後悔選擇
77 想到媽媽的痛
79 照顧好自己？
81 慢慢走，快快到

穀雨 **天氣較暖，雨水滋潤大地。**

85 一切來得很快
87 愛永不中斷
89 未孝順過媽媽
91 慢慢慢慢淡忘？
93 媽媽留下的説話
95 你在我內 我在你內
97 生命的曙光

立夏 **夏天來了，天地始交，萬物並秀。**

100 講多兩句都好
101 一小時叫廿幾次
103 醫院唔食得煙
105 我信大哥會返來
107 最難服侍的家屬？
109 面黑的同事
111 退休即重病

小滿 **麥類等農作物籽粒飽滿，尚未成熟，即將收穫。**

114 病人爆粗口
116 難頂的脾氣
118 刺蝟出現請注意
120 初心封塵
122 拒絕令事情變得更壞
124 大休息

芒種
有芒的麥子快收，有芒的稻子可種了，天氣也進入黃梅季節，連綿陰雨。
127 最終留低什麼？
129 年輕媽媽的醒悟
131 欣賞子女的付出
133 不想一個人
135 一生轉眼就過

夏至
陽光直射北回歸線，白天最長，炎熱季節萬物生長最旺盛。
140 只能互相對望
142 病房不斷有人過身
145 南無阿彌陀佛
147 面對恐懼
149 死亡黃盒子

小暑
天氣愈來愈熱，不時狂風暴雨。
153 無名怒火
155 「我要咬脷！」
158 等死沒意思
160 唔准你咁講！
162 亞爸想自殺
164 其中一個選擇？

大暑
炎熱之極，濕熱交蒸。
167 當病人執意自殺
169 是否做錯事？
171 你幫爸爸打針吧！
173 好走還是安樂死？

立秋
秋天來了，白天仍然很熱，可是夜裡開始有涼意。
177 二十分鐘休息
179 病人最想要
181 對著幹？
183 無限的生命
184 陳老師再見

處暑

夏季火熱已經到了盡頭，不時有秋雨降臨。

188 內疚無法兼顧
191 電話報消息
194 手機終於解鎖
196 幫忙身邊人
198 一餐飯 食好啲

白露

晝夜差最大，清晨的露水在草葉面上，凝結成一層白白的水滴。

201 「我等飲湯！」
203 已經唔想食
205 食咗都會嘔
207 煮飯以外
209 帶甚麼食物到醫院打氣？
211 親愛的，多吃一口吧！

秋分

陽光直射赤道，這一天晝夜均分，白天黑夜的時間一樣長。

214 唔想再食藥
216 口乾好辛苦
218 硬頸的背後
220 為何掀被子？
222 抹身傳送愛
224 臥床怎樣剪髮？
226 臥床怎洗頭？

寒露

氣溫比白露時更低，地面的露水更冷，快要凝結成霜了。

229 半夜，按不按鐘好呢？
232 忘記已換褊
234 一床都是大便
236 老「還」童，玩便便！
238 去唔到大便
241 便便的護理

霜降 **空氣變得乾冷，秋天即將過渡到冬天。**
244 抗拒止痛藥
246 止痛有辦法
248 我的痛有誰知？
250 要吃嗎啡……還有希望嗎？
252 病人寧願痛？
254 治療可自主
256 媳婦很抗拒
258 太太不明白
260 爸爸的守護者
262 最想返屋企

立冬 **冬天來了，萬物進入休養、農作物收割之後要收藏起來。**
265 好人唔應該生癌！
266 當下怎樣過？
268 驚到手都震
270 拜佛又求神？
272 困難中的力量

小雪 **氣温下降，寒意愈來愈濃。**
275 迎接死亡
277 踏入彌留
279 困難的去與留
282 柔柔的堅持

大雪 **天氣好冷，然而北方的農夫笑著說：「大雪紛紛是豐年」。**
286 護士加油！
288 不准探訪的焦急
290 探唔到的預先準備
293 視像陪吃飯
295 只能視像通話
297 有限度探訪

冬至

這一天，陽光幾乎直射南回歸線，北半球白晝最短，黑夜最長。

301 內疚無法親自照顧
303 探病好艱難
305 年老親人來探訪
308 不令人難堪的體貼
310 不如回家？

小寒

天氣寒冷，未來會更冷？

313 疫情下的病房
315 穩住工作的心情
316 無奈身不由己
318 家人點都要見
320 誰可去醫院探？
322 只能盡能力

大寒

寒冬最惡的一刻，可是過了大寒，就是立春。

325 打電話定定神
327 囉囉攣想早點死
330 打電話給法師
333 疫情下的臨終洗禮
336 雪花憑什麼蓋住森林？

立春

冬去春來，萬物復蘇。

338 過時過節額外感恩
340 最後的情人節
342 心中的英雄
344 輝仔，謝謝你！
346 紓緩科？好做？唔好做？

立春

春天來了，萬物復蘇。

二十四小時守在太太身邊

張生張太總算可以離開醫院回家度新歲，初四再次入院。而我是第一次見他們。

「張生張太早晨！我是安姑娘，今日負責照顧張太。這兩位是快畢業的護士同事，她們可以在旁觀察我的工作嗎？」

「可以，可以，她們總要經歷這階段的。」

「多謝！將來很需要她們去傳承。大家請坐。」

張生坐在張太病床左邊。我站在他旁邊，正對著張太，兩位同事則在床尾位置。

張太看上去非常疲倦，閉上眼睛，她的眼窩下陷，雙顴突出，腹部和下肢腫脹。「張太這兩天近況怎樣？」我問。

「她本來幾好的，初一就食唔到了，好易哽到。成日都要幫她按摩背脊，才舒服一點。」他說：「每隔一個多小時就要按摩，一晚四、五次。」

「那你和太太都無得休息喎！」

「係呀！初一開始轉差。昨晚初三反而沒要我按摩，從十點幾一直睡到兩點幾，呼吸有些怪怪的，我馬上想送去急症室，不過她說等天光回醫院。現在來到才穩定一點。」

「她沒法休息，你難受；她睡得沉，你也擔心。想像到你夜裡的徬徨。」

張生望向張太，她沒張開眼，他執著她的手。

「你們結婚多久？」

「四十年了！」

「現在進到醫院我才定一點。」張生雙眼泛紅，望望太太，站起來想為太太按摩背脊。他沒把床欄放下，就彎腰想幫太太轉身，我連忙幫忙升高病床放下床欄，以免張生弄傷腰骨。

張生一心都在太太身上：「這樣好些嗎？」張太氣若游絲，答得很慢：「好一點。」

他愛妻心切，所有的難過、情緒、自身需要都排在太太的需要之後，滿腦子都是太太。他問起去腫瘤科覆診的事，我馬上安排見醫生，也帶來凝固粉幫助張太進食。

醫生過來解釋現階段腫瘤科已沒有什麼治療，反而留在紓緩科會舒服一點。張生沒出聲，走近太太想讓她用凝固粉——再次忘了升高病床放下床欄。

我和兩位護士離開，她們不禁問：「張先生似乎有些迴避，跟著點做好呢？面談失敗了嗎？」

「我們和張生第一次見面交談，並且還在張太面前，什麼才叫成功呢？」我反問：「張生理解太太狀況嗎？你能評估張生的狀態嗎？」

「他看到，亦意識到太太情況轉差了，希望盡量幫太太治療。但當醫生解釋後，他也是冷靜和有理智的。不過他很傷感，加上失眠了一段日子，精神虛耗大，有點神不守舍，例如會忘記床欄的事。」

另一位護士補充：「他迴避，可能是不想在張太面前哭，可能是我們第一次見面，可能因為是公眾地方……」

「所以，我們要在尊重他的情況下補位，確保太太和先生都是安全的，以張生關注的先後去回應，以行動和慰問使張生安心。」

情緒支持並不局限於語言，適時適切的方式更有力。有時病人家屬作主導、留有空間的互動就像畫畫時的留白。

張先生幾乎二十四小時都守在太太旁邊。太太終於穩定了一點，張生見到我，問我是否在夜更當值，說如果是我，他會安心一點。

「我們整個團隊，都會與你們同行。」我輕輕說。

四十八小時沒有睡

「你最近搬去和爸爸同住，現在他剛入醫院，照顧上有什麼你想我們留意呢？」

「他每晚去三、四次廁所，都要人扶。因為少食多餐，有時半夜十二點和清晨四點都要食嘢。另外差不多每個小時都會咳到有痰，要即時幫他抹。」

我的心裡涼了一截，女兒看來也五十多歲了：「這段日子除了你，還有其他人幫手照顧爸爸嗎？」

「其他兄弟姊妹都要返工，所以只有我。」

「晚上得你一個人照顧爸爸，其實無得瞓喎！」

女兒有些不好意思，那薄施脂粉的臉上，是一對黑白分明的腰果眼，雖然目光不算有神，但亦看不到黑眼圈和眼袋。

「你有多久沒有睡？」

「四十八小時。」

「這樣的情況有多久？」

「都好一段日子了。」

「這樣捱法，『老虎』都散！你本身需要長期服藥嗎？」

「我本身有抑鬱症，食開藥。」

「食住藥都瞓唔到？」

「已經食緊放鬆的藥，但因為要照顧爸爸，無食安眠藥。」

「爸爸需要那麼多照顧，又真係唔敢食藥瞓覺。」

「就是嘛！雖然家訪護士多次游說，我也不想送爸爸入醫院。但爸爸無法止痛，才逼住送院。」

「爸爸這樣痛，也需要控制。現在你看到這裡環境，見到同事照顧其他院友的情況，你放心點嗎？」

「都可以啦。」

「嗱，痛的方面，現在已開始有針藥給他，你可以觀察比較實際止痛效果。但我們不能像你一樣，他一咳痰，就在他身邊守住即時抹掉，如果他半夜要食東西，你們就需要預備一些即食的放在床邊。要協助就可以按鐘。」

「明白。我可否放下手機給爸爸，讓他有需要時打給我？他有時很無記性，無安全感，會想打電話找我。」

「依你所講，要分辨他半夜打給你時，是無安全感還是真的不安全？你要懂得分辨當下，是提他按鐘由當值工作人員幫他，還是你飛的士來幫他。」

女兒尷尬地笑笑。

我繼續勸說：「趁爸爸入院調校止痛藥期間，好好為自己充電，晚上跟醫囑吃安眠藥讓自己睡好。到爸爸調好止痛藥，我們就要交爸爸給你照顧。」

「唔。」她點點頭：「明白。」

女兒返回爸爸床邊。不一會鐘聲響起，我走過去問：「有什麼需要幫忙嗎？」

「無……我試鐘，看要多久才有人應。」

「好的，可以嗎？」

「可以呀。」女兒向爸爸說：「你看，一按鐘姑娘很快就來，你放心嗎？」爸爸點頭。

我再提醒她：「那麼，你就要讓自己在這段時間好好休息！」

「我今晚會吃返安眠藥瞓的了。」女兒的笑容和腰果眼都很美，一點也看不出已經是四十八小時不眠不休。

與時間競賽

芳芳因為肺癌，氣喘而住院。個子小小的她一直客客氣氣，就算氣喘，也不太願意主動求助，幾次都需要醫護人員主動問她是否氣喘？

這兩週，芳芳反反覆覆不時氣喘，平靜下來，又再氣喘，最初部份時間要用氧氣「貓鬚」，後來全日都要用。隨著病情加重，氣喘突襲加密，需要額外使用止喘針藥的次數和份量亦相應增加。

這段日子看著她明顯消瘦，體能急劇下降，神容萎靡，說話細聲不夠氣，亦少再講話。於是上班時都特別主動關顧她，希望建立她對我的信心。

我心裡盤算：「日子在倒數了，她徬徨嗎？還有未了心願嗎？要怎樣問，才能探聽到她的需要？而又不會增加她焦慮呢？趁她呼吸稍為平穩，神志仍清醒，要加緊步伐去處理。」

看到芳芳睡眼惺忪，呼吸平穩，趁工作上稍有空檔，便揸緊機會問：「芳芳姐，雖然見你有些疲倦，但亦見你現在呼吸稍為平穩，好想同你傾吓。」

「可以。」

「見你近日突然氣喘的次數增多了，你覺得額外使用的止喘針藥成效如何？」

「一般啦！幾個小時之後又會再氣喘。」

「會呀，藥氣會過，所以隨後要補加針藥。面對現在重複的情況，會諗到什麼嗎？」

「我唔諗了，諗亦無用。」

「你意思是對你氣喘無幫助？」

「係，晚期就是這樣吧。」

「我打個龜兔賽跑的比喻：兔子所領先的是你氣喘的情況，減去龜龜所代表的止喘藥的成效，中間的距離，便是你感覺到氣喘的辛苦程度。假若距離相差越短，你感受到的氣喘辛苦程度便越輕。自覺的氣喘情況愈受控制。所以當你收到身體的訊號話：開始要氣喘了，或者要做一些預計會引起氣喘加劇的日常活動，預早開始額外加止喘藥，就能減低機會承受不必要的氣喘。」

「是這樣嗎？」

「你意識清醒，你才是第一身去接收身體的訊號，知道氣喘是否要來，是否是時候要添藥。有些事是由你控制的。」

「成日都喘，一喘加藥，不怕嗎？」

「你怕什麼？」

「怕藥太多，昏昏沉沉。」

「你在昏沉的狀態中辛苦嗎？」

「咁又唔辛苦，仲唔喘㖭！」

「隨著病情加重，身體越來越虛弱。即使沒有藥物影響，每天昏沉的時間都會越來越長……去到最後，在睡夢中離開。你會否有什麼擔心，或者有什麼唔捨得？」

「我已經早早準備好晒，亦無什麼唔捨得。」

「咁，以你所知，有誰未準備好，或者會很唔捨得你呢？」

「有呀，我那四個孫。」

「他們是你帶大的嗎？」

「是呀，而且他們的父親很早便離開了。他們都很生性，很可憐，只能靠媽媽賺錢，我幫手帶大他們。」

「他們現在幾多歲？」

「最大的中四，最小的小六。」

「他們都很想念你嗎？」

「每次和他們視像通話，他們都說很想來探望我。可是我在醫院，他們都不能來。」

「你想見他們嗎？」

「當然想啦。」

「他們這麼親你，你一定很清楚看到他們各人強弱的地方。在你離開以後嘅日子，你會有什麼説話或者提點，想特別給他們每一個嗎？」

她一邊思考一邊説：「……都有……老大都OK，不過仲細，老二……就比較論盡……仲有老三、老四……」

時間所限，亦考慮到她的氣喘不宜傾談太久，找到一個重點方向後，我並沒有讓她再説下去。我勸説：「他們每一個進入青少年期，實在很需要長輩從旁扶一把。你對他們每一個，每一句的欣賞、鼓勵、勸勉，對他們來説都是很重要很重要的。你想把那些提點都記錄下來，逐一交給他們嗎？」

「想，不過我自己寫唔到啦，需要人幫。」

「好的，讓我去找人手幫你一起逐一記錄，並且看看怎樣安排，讓四個孫起碼來一次探訪吧。」

「可以嗎？」

「盡力試試吧。」

「可以就好了！」

「那在你氣喘稍為穩定的時候，就要慢慢去諗一諗有什麼欣賞、鼓勵、同勸勉的説話要留給他們。」

在接著的一週內，團隊分頭行事。社工主力協助芳芳回顧和記錄，孫仔在取得新冠檢測陰性報告後，亦安排了一次探訪。芳芳姐仍然意識清醒，大家終於可以談話。

女兒的心事

「豪Sir早晨！」

豪Sir濃眉大眼，個子粗獷，聲如洪鐘，說話爽朗，間中一兩句黑色幽默，精警啜核，不時為其他病友、醫護人員在沉悶又繁忙中，帶來點點會心微笑和輕鬆時光。他半倚床上，看來亦近六呎，即使病情已進入晚期，仍有昔日健碩身形的影子。

「xyz@#%」、「%#@zyx」遠遠聽到兩人大大聲「爆粗」，心想是有爭執嗎？我假裝巡房，輕聲急步去看看豪Sir的病房。

「×××走了！」豪Sir嚷。他床邊有一位大漢，看來剛探訪完，正要準備離開。

「好，係咁。」我向豪Sir和大漢點頭微笑。這就是豪Sir。

豪Sir現時的第二任太太是新移民，中港兩地跑，比較少見到。他與前妻的獨女今年中六，平日可能功課繁忙吧，也很少碰上。今晚第一次遇上女兒來探，父女倆的相處是靜靜的。女兒坐在床邊，眼眶鼻子有點紅。我心中盤算：這個年紀的女孩要面對自己的升學、就業、交友、拍拖問題，與父母相處又有很多矛盾，她有人支援嗎？

見她離開床邊，我追上前問：「我是安姑娘，今晚負責照顧豪Sir。你是豪Sir的……？」

「女兒。」女孩束著馬尾，身穿T恤、牛仔短褲和波鞋，背著索袋，比我高兩吋。

「我當值的時間很少見到你，可以和你傾一下嗎？」

她點一點頭，微紅的雙眼卻迴避我的目光。

我帶她到面談室，她走路是入八字腳的，不住把玩索袋的肩繩，坐下時身體靠前，僅坐在椅子前沿。我關上門，坐下來說：「雖然我負責照顧你爸爸，平日亦較少機會遇見你，但見你探完爸爸後雙眼有些紅，我有點擔心你。」

她垂下頭，視線在游走，望向我一兩秒，很快又望向別處。房間很靜，我深呼吸幾下，放鬆自己，微微靠後坐，背靠椅背，望向她前方的地上，說：「多謝你讓我陪著你。你想我就這樣靜靜地陪著你、問我一些事情，或者吐苦水亦得，總之這十多分鐘的時間全是你的，你想怎樣都好，你覺得舒服，叉到電就好。」

她點點頭，放下背上的索袋，身體靠後貼上椅背，雙肩也放鬆下來，深呼了一口氣。我也慢慢深呼吸。

她開口：「我同學死了。」

「吓？！同學死了？」我感到錯愕，同時要小心自己的反應。

她點頭：「嗯。」

「事前有預兆嗎？」

「她得了癌病，醫了一年。」

「太突然了吧！」

「嗯，早幾年我們因為一些小事而鬧翻，大家見面都無傾偈，如此這樣過了幾年……直到去年，我們才再開始重新說話。」

「對你來說太難受了吧！」

「唉，我覺得好無謂！大家本來是好朋友，為了一些小事冷戰了幾年。」

「是的，人嬲時就係嬲。再好的朋友，傾唔到偈就係傾唔到偈。」

「好彩我們後來和好如初。」

「你有出席她的葬禮嗎？」

「無，學校上星期舉辦了追思會，我們都有去。之後社工亦有見我們。」

「你覺得現在最需要珍惜和把握的是什麼？」

她望著我說：「明天考DSE中文卷，有些擔心！」

「有温習嗎？」

她答得飛快：「有！」

「DSE中文卷出名難考，你這段時間需要兼顧那麼多事情，你擔心自己會表現失準？」

「嗯，自己的狀態不太好。」

「相比其他考生，你在這段時間要同時面對失去好友的傷痛、爸爸患病住院、家裡的轉變等。又多又大的壓力，你已經應付得很好了。DSE考試的成績好壞只是片面，反映不到你背後的壓力和你的努力。」

「嗯，但我想考得好讓爸爸安心。」

「爸爸看到，知道你的努力嗎？」

她點頭。

「那你要對自己公道些。不要太苛刻啦。成績是好片面的，考試只是人一生中的一件事，而且亦不止得一次。更重要是你爸爸知道你在困境中不輕易放棄，有努力，已經安心。」

她再點頭：「嗯。」面上多了一些表情。

「好了，下次來探爸爸又想傾偈的話，歡迎找我！」

「嗯。」她向我道別時，輕輕鞠躬。

生命智者

生命鬥士的報導，
主角多是由命危奮鬥至康復的勝利者。
很少提及晚期癌症的病友。

晚期癌病是指在西醫角度上不能用手術、化療、電療作根治性治療，患者不限年齡和性別。一講到晚期癌友，一般都立即聯想到他們命不久矣！

但我卻會想起其中一位。

她住在三、四百呎公屋，兒女長大後，要照顧認知障礙的老伴。同住的兒子學歷不高，返夜更、工時長，後來有了國內的媳婦，中港兩地跑。女兒結婚後搬走，偶然來電話，久不久外出飲茶，塞三幾百元。直到老伴後來可以去日間護理中心，她才可以稍為喘息。

「你很累吧！」當她患上末期癌病後，我上門護理。

「生活就是這樣的了！……做到就做，做吓又瞓吓……一日未死就幫手照顧老伴和後生，到我做不來就不理了。」她說。

老伴先她離世，她傷心，也欣慰可以照顧到最後。後來國內媳婦添了小生命。開心之餘，亦有經濟的壓力，同住的磨擦亦多了。

「雖然你們家訪來幫我減輕癌病的不適，但有些不舒服，仍是要看中醫，煲些涼水，調理一下……我身體裡發出的病人味，始終對其他人，尤其孫仔唔多好。」

孫仔難免啼哭，兒子越來越暴躁，媳婦更少回來香港。家中沒甚麼財物，大門和鐵閘都是虛掩。她每次在兒子快爆發時，便帶孫仔出街，或者去其他仔女處暫避。

我打過電話給她女兒，也單獨與兒子談過，最後兒子要看精神科。

她無論多困難，對不同的提議，或者外來的支援，都笑笑口：「好呀！多謝呀！試試看！」

我和她女兒一直在電話上溝通，萬萬沒想到第一次見面，會是在院舍——女兒也確診晚期癌病！最後，女兒在院舍離世了。

她的居室變得雜亂，變回齊整，雜亂，齊整，雜亂……每次家訪都看著她不斷地倒下又再站起來。

新年正月我去家訪，她準備了利是紅包。

「新年來向你拜年，你這封利是一定要接！但內裡不可放錢！放糖果、朱古力金幣、笑口棗……甚麼都可以。新一年大家都要開開心心！甜甜蜜蜜呀！」我對這「老朋友」說。

她仍是一如以往的笑笑口：「對！對！對！多謝呀！」

這位老朋友仍然處身在晚期的日子。她見到其他新來的晚癌病人，淡淡的，倦了坐著打個盹，醒了又笑笑口。

見到我還不時提點我：「天涼了，要添衣！不用減肥，多吃一點。」

雨水

天氣漸暖，空氣濕潤，雨水增多。

承諾要幸福

陳老伯傍晚來探老伴，牽著她的手，靜靜地看著她，眼角也留意我們的工作。

「陳伯你好呀！又來探你的愛妻啦！」

「係老夫老妻啦～」

「老了仍是你的愛妻，很幸福呀！」

「當日答應：只要肯跟住我，我就要令她幸福。」

「咁多年你都信守你當日的承諾！」

「無用啦！她有病，我幫不到她，只有醫生才幫到。但是，現在連醫生都幫不到。」

「這麼多年，你們必定經歷了不少風浪。」

「當然，想當年小伙子逃難來香港，開初只是瞓樓梯底。轉轉折折同鄉保薦下才入了醫院當一名雜工。就在那裡認識了亞娟。」

「很浪漫～」

「當時的生活好艱難！兩公婆，加上一群兒女供書教學，還有在大陸的父母兄弟姊妹要接濟。自己幾窮都要諗辦法去頂，如果無亞娟肯一齊捱，都唔知點過。」

「人家話貧賤夫妻百事哀，難得在艱難的日子中，你念著太太的好。」

「亞娟都係㗎！有段日子屋企開銷大，工友有難要幫手，迫不得已多少都要幫忙一下。她很體諒亦很信任我，只說一家靠你在外賺錢，能力做得到，幫到就幫啦。不久那個工友的太太拖男帶女，又大又細來到工場追家用先知……唉！我後來都無再借錢給他了。」

「亞娟姐有無慶幸，她跟了一個對她咁有承擔、咁擔帶的人呀？」

「有！」

「想當年在艱難日子中跟著你，她亦感到幸福和安心。」

「唉！不過到了現在仔大女大可以享受的時候，她又病重了。」

「過去幾十年艱難的日子，她因為跟著你感受到幸福和安心。現在病重了，有你這個她信任了幾十年的老伴為她打點照顧，是你令她即使在病重的一刻仍然幸福呀！」

婆婆的燒賣

「外婆的身體每況愈下，真係好想再帶她外出飲一次茶，看她吃她最愛的燒賣。」

「你很懷念外婆健康時，和她一起生活的點滴。」

「我小時候，外婆為家庭付出了很多，這種體會到自己長大、成家、有兒女，越來越深刻。」

「聽得出你對外婆的付出有份由心而發的感動和感激。」

「唉！真係！」

「而家有無什麼好深刻的畫面、當時的說話、情境浮上來？」

「記得有次細個很難得去飲茶，外婆要我吃燒賣，我知她想吃，我想讓她吃，推讓之際把燒賣丟到地上。她在盛怒中當眾打我，罵我浪費食物。我咬著牙關，忍著不哭，從地上拾起那顆燒賣，放在碗裡，但還是堅持不吃。過了一段時間，外婆倒茶在燒賣碗內，用筷子連手洗了幾下，邊吃那燒賣邊說：『咁浪費，我們小時候一年才吃到那幾次肉，男孩子才分到的，女孩子不可以輕易吃到的！』」

孫女凝視前方，當日的影像彷彿就重現在她眼前。

「外婆很珍惜那燒賣，對她來說是很矜貴的，要給你這個孫女吃。」

「外婆其實好愛我！」

「她的愛是行動派，很少講的？」

「是的，不慣摟摟抱抱那種。」

「那你想抱抱她，告訴她你知道她好愛你，

你亦好愛她嗎？」

「唔……唔慣！」

「你怕她推開你？」

「她現在都唔夠力啦！」

「咁……」我望了望她。「你慢慢看自己有幾想這樣做吧。現在不做，想幾時做？」

「唔……」她有點猶豫。

「記住小時候你要讓外婆吃燒賣時的堅持，你是很有力量和辦法去愛外婆的！」

她微笑地點頭。

擔心做錯決定

「爸爸一直唔想入寧養科，話一入就死梗。現在他剛入來兩天便急轉直下，我當初勸他入院是否做錯呢？」

我深呼吸，問：「爸爸仲經歷了什麼？」

她深呼吸了一下繼續說：「仲有，仲有不停地抽血、打豆、吊水、吊藥，跟住嘔、出冷汗、打針……一係就等，等覆診、等報告、等檢查，跟住就好似坐過山車，有些希望，又失望，有些希望，一陣又失望……」

「……失望是指？」

「咁辛苦去捱過了療程，到最後都是醫唔好。」

「在這段日子，大家都經歷了很多困難，很辛苦。除了困難和辛苦，你或者你爸爸有無什麼其他的發現，或者得著？」

「唔……爸爸幾辛苦都無怨什麼。」

「他有好強的意志。」

「對，他很有毅力！」

我微笑點頭：「還有呢？」

「唔……他讚我上次做的浸雞，好脸好滑，他吃了很多。在我懂事有記憶中，他第一次讚

「你知道爸爸一直有這掙扎。你亦一直陪著他面對。」

「他一直好努力去打這場仗，聽醫生話配合各種檢查和治療。」

「每一樣都唔容易。」

「是的！他是承受的那一位，我們做家人，只是光看著他，陪著他跑這跑那。見住他瘦、見住他無胃口……」她停了停，眼睛有些紅。

我。還親口多謝我養他。」

「他知道你錫他，有事你會幫他。支持他。」

「係，雖然大家平時都唔會講出口，但他知道。」

「若果人生是一場跑道，有得揀，在距離終點最後這幾天的旅程，他想點揀？會想留在哪裡？想誰在他身邊？」

「有得揀，他會想留在家，有我們在身邊，撐到最後一刻。」

「最後一刻是指哪一個情況？」

「去到他有危險了，我們照顧不到了。」

「今次你們和爸爸一起撐到急轉直下的前兩天，才送入住寧養科病房，你覺得你是否做錯呢？」

「唔會。」

「這是否乎合爸爸的意願呢？」

「應該是的。」

「若果爸爸過到這一關，好轉過來的話，你們會願意接他回家嗎？」

「當然！」

應該去旅行嗎？

每位末期病人入院，都得用時間了解家屬的情況。

「我們談到現在，你有沒有什麼問題想問我呢？」

「我和太太兒子很久沒有一起出外度假了。我們一年多前計劃下個月和家人上郵輪，旅程大概三星期。現在不知道去不去。姑娘你估計爸爸的情況危險嗎？」

「噢！你爸爸的病打亂了你們一家的計劃。」

「爸爸的病來得很突然，若果估計他在我度假期間生命有危險，我當然選擇留在他身邊。當然這很難說，可是目前又似乎還可以……過去我們已經幾次因不同原因取消了和太太兒子外遊……」

「這實在是不容易的決定！你最關心，或者最不想出現的事是……？」

「在郵輪上接到病危的通知。到時要趕返來的交通、海關手續……花多些錢不是問題，只怕到時難趕返來。我不想爸爸一個人孤獨地離世。」

「距離出發尚有一段日子，爸爸目前情況尚可。我先把你們的情況記下，稍後再告訴你，我們如何評估你爸爸的情況。你不妨有多幾個方案。你太太和兒子有什麼意見嗎？」

「他們都錫爺爺，尊重我的決定。我們一直每週和爸爸吃一次飯，他生病後，我每天都會去看他。這半年來突如其來的病，令我更加珍惜和家人一起，更想和他們去郵輪。爸爸上個月還可以慢慢地行動自如，外傭姐姐日常照顧亦令我們放心。」

「你們一家人期待郵輪度假的願望，原本下個月可以實現，但現在爸爸健康起了變化，可以遲一點再決定是否上船。若果今次上郵輪度假三星期的決定，違背了你們珍惜家人，包括珍惜你爸爸的本心，可能需要停一停，再想一想。

郵輪度假會否是爸爸健康時的選擇呢？

此時什麼才是讓自己、大家最安心的決定？

什麼才是此刻最想做的，讓心歡喜的事？」

當新的環境和原來的計劃踫撞在一起，這就是「生命」。

標靶藥燒銀紙？

一家人相處尚算融洽，然而面對母親已到晚期的治療，還是各有想法。

「根本就是燒銀紙，毫無意義。」二姐憤然地說。

「病情去到這個階段，家人仍然堅持花這筆錢去買標靶藥，你看不到有什麼意義。」我覆述。

「如果係我，我真係唔會咁傻！」

「你覺得他們真是傻？被誤導？還是背後有什麼原因？」

「咁我又唔敢問。」

「你怕什麼？」

「都唔知會點……唉！現在這筆開銷是大哥的想法、其他兄弟姊妹一齊承擔的，以我的環境，實在幫不上忙。算啦，反正自己工作、屋企都忙，亦唔知點開口。」

「欣賞你的心，自己已另組家庭，仍為爸爸媽媽和其他兄弟姊妹著想，不希望他們花冤枉錢，希望他們可以多留點錢。不過他們在目前的情況下仍繼續花錢買標靶藥，其實背後是什麼想法，你想知但唔知點問？」

「就是啦！」

「你知道媽媽覆診時，專科醫生那邊點講嗎？」

「醫生告訴我們：『目前階段標靶藥作用已經不大，不過若然大家仍然想醫生繼續處方給病人，就需要我們自費。』」

「媽媽和家人，如何理解？」

「既然無效又昂貴，還有好些有副作用……

我真不知他們點諗？」

「若果是你，你會選擇怎樣用錢？」

「可能好少少的紙尿褊、營養補充品、菲傭姐姐放假時請鐘點姐姐幫手、可以請家庭醫生上門不用辛苦落樓、萬一菲傭姐姐唔做要留定筆錢入老人院，除了媽媽還有爸爸……總之，這些都更幫到手的。」

這次和二姐談完，不久我有機會見到大哥：「存放在病房的標靶藥快食完了，你們要繼續給母親服用嗎？」

「我去準備。」大哥答。

「你們上次覆診見專科醫生，他有提及標靶藥現在對你母親的成效嗎？」

「醫生說作用已經不大，不過，我們仍然希可以有奇蹟，也想在這時候，可以給母親留一點希望。」

「媽媽知道這選擇，是你們的心意嗎？」

「她很清楚到了這個時候，標靶藥的實質作用已經不大。我們都說：只要她仍然想吃標靶藥，都會盡量提供。」

「大家都清楚藥物的限制，盡力為母親保留一點希望，讓她有選擇。你們真的很錫媽媽，很孝順。」

「媽媽很疼我們，很照顧我們。」

「標靶藥的費用對你們來說，是很大的經濟壓力嗎？」

「錢花了可以慢慢搵返，若果可以買希望給媽媽，還是可以堅持一下的。」

「在使用標靶藥上，一家人和媽媽會有什麼不同想法嗎？」

「我們知道實質作用不大，只希望無太多的副作用，一日媽媽仍然想吃就盡量提供。萬一出現明顯副作用，或者媽媽不想再吃才叫停吧！萬一停藥，會一下子急轉直下嗎？」

「你的首要考慮是尊重母親的意願，並且到目前為止，媽媽未出現一些很大的標靶藥的副作用反應，所以你們選擇繼續。服用對母親已無作用的標靶藥，意味著病情受到癌症影響轉壞中，萬一停藥後惡化，究竟是疾病本身的發展，還是因為停藥，需要聽取醫生的意見。」

「是的。」

「一家人的目標一致，就算重點不同，只要取得平衡，你們對母親的孝心她會感受到的。」

總是不夠好

「照顧媽媽這段時間，有什麼令你最辛苦？」

「最辛苦係：時不時都會反問自己，某些情況係咪可以做得好一點？係咪可能做錯一些事？係咪無做一些事？就算個個都話我沒有做錯做漏，就算我都同自己講無都好，都係會無啦啦彈返一些事件出來——其實我仲有嘢未做。」

「我想你幫我明白多一些……聽落……你意思係，你對自己的質疑，相比起精神、體力以至經濟上對媽媽的付出，更加令自己辛苦？」

「的確係！」

「你前前後後照顧了媽媽多久？」

「都有年多兩年了。」

「在這兩年時間中，是現在才對自己所做的，有所質疑？」

「早期不論知識上技巧上都不懂，不掌握，會有很多疑問。但不斷學習交流，掌握多了，但是漸漸發現以為做對的，原來又有很多是做錯的。」

「正因為這樣，對自己的質疑就漸漸越來越多？」

「不知道何時自己以為對的，原來是錯！幾時以為已經做得好圓滿的，原來卻又有很多無做到。」

「不斷修正嘅過程當中，那份對自己的質疑，慢慢變成了沉重壓力。相比起純粹照顧母親還要吃力。」

「點樣先至可以減輕對自己嘅質疑？」

「你這個問題很好！時、地、人，無時無刻都在變。對自己既這份質疑，究竟幫我時刻保持謙卑？還是要在雞蛋裡挑骨頭——而這隻『雞蛋』是這刻被照顧的母親和旁邊的親友，甚至醫護人員都覺得非常滿意的『雞蛋』啊！」

只剩一個殼

家人有很多憂慮，有時比當事人憂慮更多。

面前半倚在床的太太一臉疲態，但沒有睡著，於是試試對話：「你點形容自己現在的狀態？」

太太望著我，眼神空洞洞的：「整個人只剩一個殼，腦空空，知道要做決定，但做唔到。很多人對我講的嘢，在眼前像一條聲帶過去了，知道重要，但沒法理解，明唔到，記唔到。世界繼續，而自己慢到快要停下來。」

「腦是空空的，那怎形容身體現在的狀態？」

「望到但睇唔到，聽到但明唔到，你摸我會感覺到，手腳無力，地上有金牛都無能力執，你送我都無本事攞。」

「你想食東西嗎？」

「無想不想……不過亦唔餓。」

「你對於這種只剩一個殼的狀態，心情如何？」

「無什麼……什麼都無。」

「無驚？」

「無驚。」

「無擔心？」

「無擔心。」

「是喜樂？」

「無喜樂。」

「是平安？」

「什麼都無。」

「是空？」

「連空都無。」

「會想結束這狀態嗎？」

「無。」

「感覺到有人關心你嗎？」

「感覺到。」

「感覺到有人愛你嗎？」

「感覺到。」

「還感覺到什麼？」

「感覺到誰是真關心，誰是假。」

「哦！……咁……會開心或者生氣嗎？」

太太仍很平淡地說：「有感激，無生氣。」

「……你心好清！」

「人好累，又好醒！」

「還有什麼想講我知嗎？」

「以前或者會驚，其實不用怕，這個狀態都還可以。」

紛擾世界很吃力

「面對紛紛擾擾的世界，覺得很吃力。」

「你覺得很吃力是因為……」

「太多事發生了！我就算只是聽，都消化不來，承受不來！」

「即使只是聽都消化不來，承受不來——身體上有出現什麼訊號嗎？」

「頭有些痛，睡得不好。肩頸膊頭有些痛，晚上磨牙嚴重了。」

「通常磨牙是睡著才出現，你怎樣知道嚴重了呢？」

「上個月有天早上，左下大牙位置痛得厲害，感覺有東西在牙縫，努力用牙線，結果清了一片白色尖尖的硬物出來。自此牙骹亦一直酸痛。牙醫證實那大牙的牙套磨損到金屬外露。現在睡前會戴上膠牙套，以免再像上次，無戴就出事。」

「聽來你的壓力並非一朝一夕，一般我們承受到很大的壓力憂慮時，在睡眠中身體容易不由自主地磨牙。那真要記得睡前戴膠牙套保護牙齒。」

「我知！」她點頭。

「你知道什麼紛擾的事令你覺得吃力嗎？」

「唉！太多了，亦不好說。」

「有時太多，不知可從哪裡說起的。那麼最直接影響你的，知道是什麼嗎？」

「知道，不過解決不了的，不想講。」

「的確，有很多事未必可以簡單解決。而事情有時亦大到不想講，或者暫時未有心力去講。」

「我反而需要一些寧靜，可以休息的空間。」
「知道自己需要什麼，這點很好，很重要。找到嗎？」
「未！」
「過往你休息的方法有哪些？」
「出門旅行、吃甜品、瞓覺、看戲、同朋友見面、打坐……現在什麼都做不到。」
「我們現在一起靜心做十五分鐘呼吸好嗎？」
「OK。」
放鬆端坐，背部離開椅背。
雙腳平放地上，打開與肩齊寬。
雙眼下垂，或者輕輕合上，嘴角微笑。
吸氣到小腹，吸氣……
呼氣，小腹收起。
繼續吸氣，觀察空氣進入身體各部份的感覺。
呼氣，觀察空氣呼出。
任何時候發現思想溜走了，對自己微笑一下，再次觀察呼吸，觀察身體的感覺。
十五分鐘過去。
「請做幾下深呼吸，慢慢伸展一下。對自己的身體好好感恩。因著身體，幾十年來實踐了你大大小小的心願。對大地感恩，因著大地，你的生命得以維持和發揮。」
她平靜地坐在面前。
「現在有什麼感覺？」
「舒服一點。」
「若果我們就此完結，你有什麼想講嗎？」
「你想在大地留下什麼？」
無諗過對方有此一問，我深呼吸了一下。
「無諗過你會問……我想留下一點真、一點善、一點美吧！希望可以，你呢？」

驚蟄

春雷震響，
蟄伏在泥土裡的
各種冬眠動物都醒過來。

小哥哥，你心裡想什麼？

在頗為擠迫的車卡內，遇到三母子：大約六歲的哥哥，身手敏捷地找到一個座位。他伸開兩手，呼喚二十出頭的母親，母親拉著三歲左右的弟弟，站在車門邊。

母親著哥哥自己坐，但他堅持呼喚母親過來，終於她帶著弟弟走過來。

母親想讓弟弟坐，哥哥不肯，母親唯有坐下，弟弟依偎在母親身旁，母親於是把弟弟抱起放在大腿上。哥哥馬上說：「我給媽媽坐的，弟弟不可以坐。」

弟弟不理會，把頭枕在母親胸膛。母親便把弟弟抱坐在一邊大腿上，拉著哥哥過來坐另一邊。哥哥一手揮開母親，提高聲線說：「個位是我給媽媽的，弟弟不可以坐！」

原本低著頭的乘客都開始望過來。母親對哥哥說：「你真頑皮！」

哥哥反應更大了，大力踏腳：「個位是我給媽媽的，弟弟不可以坐！」。

母親說：「你再不講理，我不理你了！」

哥哥壓低聲音說：「個位給媽媽坐的，弟弟不可以坐。」腳踏聲輕了，卻開始流眼淚。

——若你是母親，如何回應？如果你是哥哥，心裡想什麼？

哥哥觀察到媽媽很疲倦，主動為母親張羅座位，找到了，母親叫他坐，他亦再三要把座位留給母親。小小的年紀已主動挑起照顧母親的責任，縱使母親已經坐穩，有能力照顧疲倦的弟弟，亦向哥哥伸出母親之手。

哥哥為什麼要拒絕媽媽呢？看著弟弟在向

媽媽撒嬌，他羨慕嗎？妒忌嗎？自己被母親當眾責罵，內心的困惑、委屈，恨的不是媽媽，而是弟弟？

在弟弟眼中，自己親親媽媽，令媽媽開心，是乖孩子，哥哥令母親生氣是哥哥做錯。

而作為母親，兩個兒子都愛自己，怎做才好呢？

時光飛逝，想像五十年後……五十六歲的大哥哥大家姐，主動挑起照顧七十多歲患病的父親母親。盡心盡力，只求付出，忘了自己。

而家中五十三歲的弟弟妹妹，每月或不定期來探父親母親一次。每次都得到父親母親的讚賞、利是，甚至親自下廚煮弟弟妹妹特別愛吃的……

大哥哥大家姐不是味兒，臉色不會好看。父親母親說：「不用理他、她！」弟弟妹妹說：「難得一家人相聚，老大總是黑面。」

小哥哥，你心裡想要什麼？什麼阻止你？

一疊錢唔會自動變照顧

「大妹今天的樣子點解怪怪的？」

「無嘢呀！」

「噢！但係你個樣好似唔開心，有心事嚕。」

「有什麼事都好，你幾時想講就找我們啦！大熱天，你都常常來探媽媽咁乖女，我哋個個醫生姑娘姐姐都好錫你，知嗎？」

大妹雙眼開始有點紅，她點頭，身體有些緊。我牽著她的手，在她耳邊說：「我同你出去，坐下慢慢講我知，OK？」

她見媽媽睡著休息，點頭跟我出去。

大妹是在家中的小名，年約五十多歲。

「我其實已經盡力照顧媽媽的了，但是其他兄弟姊妹總是有不同的意見，說我做得不好。可是他們的方法，媽亦不受落，我可以點啫？我都無辦法！」

「一直以來都是你親身貼心地打點媽媽一切的起居照顧，他們有參與嗎？」

「有。他們經濟較好，所以出錢。我沒什麼經濟能力就出力囉。」

「你有受他們薪嗎？」

「受薪？當然無啦！照顧媽媽是仔女的責任，點會要受薪？」

「他們有試過落手照顧嗎？」

「他們工作忙，有自己家庭。我單身，無家庭負擔，很自然由我來做。」

「他們出錢，你出力這個運作方式現在出現的矛盾是？」

「我已經盡力照顧媽媽的了，但是他們總是對我的做法有各種不同的意見，又說我做得不好。但是他們的方法，媽亦不受落。」

「媽媽接受你的方法嗎？」

「她比較接受。」

「一家人各就自己的能力去分擔，有錢出錢，有力出力是好的。但是一疊放在桌上的錢不會自動照顧到媽媽各種起居需要。成件事是需要人去執行打點。而這個人又要清楚媽媽的具體需要，個人喜好，各種的局限等等才能統籌兼顧好各方面。兄弟姊妹投入參與，提意見是重要，亦是需要的，但那些意見合適與否，是你作為統籌人才清楚。」

「就是！但是，很多時即使我講了，他們亦唔明。」

「一家人在這事上是互補不足。意見有時可以很多，但如何具體執行？要有執行日子的，件事才能實踐。你義務地承擔統籌的工作，應該有最終決定權。否則，壓力會很大，亦令到無人願意站出來承擔。」

「他們常常說我不聽他們的。」

「你不聽嗎？」

「我有聽，所有都聽。不過……」

「你有聽，更按情況選擇哪些合適才採納哪些。而他們就把無被採納的意見視為你不聽他們？」

「是，所以不停要解釋，而他們亦不滿意。」

「意見要全部採納才是有聽？」

停頓了一下。

「現在覺得怎樣？」

「清楚了，消化一下先。」

「好呀！我相信你有能力處理，遲些再傾。」

家人付出不對等

「你真的很盡心盡力照顧媽媽，這段日子你睡得好嗎？」

「一般……」

「一晚可以睡多少個小時呢？」

「大概五個小時吧。」

「體力能恢復嗎？」

「一般般。」

「你的樣子似乎有些疲倦，有人幫你嗎？」

「都算有，叫咪有囉。」

「大家點分工呢？」

「我和媽媽同住，平日我主力照顧。假日哥哥家姐來帶媽媽出去飲茶、活動。」

「假日你有什麼活動嗎？」

「瞓覺，瞓覺再瞓覺。」

「若果無其他人幫手，同住的照顧者真是很累的。你點睇哥哥家姐在假日幫手呢？」

「他們蜻蜓點水，其實幫不到什麼。」

「哦？他們怎樣蜻蜓點水？」

「他們過來前會問：要幫手買什麼之類？問會一齊出去食嘢做節這些。」

「仲有呢？」

「問好唔好請人返來幫手，甚至送媽媽去護老院。媽媽當然是要自己做子女的去照顧才是最好，令媽媽開心的啦！怎可以假手於別人呢？」

「你好愛媽媽，很願意為媽媽付出一切。我很欣賞你的無私和親力親為。我看到你有十分力，願意為媽媽付出十五分。」

「甚至二十分。」

「絕對有呀！你覺得哥哥家姐有十分力，付

出幾多分呢？」

「十分出七分吧！」

「依你看，長遠計，大家都有十分力，你付出二十分，對比哥哥家姐每人都是付出七分，有什麼分別？」

「……我……死得。他們……沒什麼。」

「或者經歷一段日子之後，你好彩無死到，但越做越累，開始厭倦暴躁，不知不覺對媽媽感到厭煩，甚至討厭、爆煲。」

「這樣的情況已經開始出現！」

「這樣會很可惜，而且不是你希望見到的。哥哥家姐在能力之內歡歡喜喜地分擔，因為是開開心心地分擔，份量就可以慢慢增加。」

「下一步可以點？」

「照顧不局限於個人護理的，其他籌劃、金錢支出、人力貼身的照顧、輕鬆的搞笑、出街娛樂等等，同樣難能可貴。」

「你意思是叫我做少點？」

「不是。是欣賞每個家人為媽媽不同的付出。照顧並非短期一鼓作氣的事，是長遠持續要開心的。難得哥哥家姐亦樂於參與。」

細女仲去旅行

在病房剛好看到李太，她看我一兩秒便避開，面上木無表情。於是我走上前，和她平排坐，背著其他病人和家屬。

我在她耳邊細聲問：「李媽媽，看你的樣子好似好多心事，無嘢嘛？」

她輕輕搖頭。

我勾著她的手指，慢慢走出病房，轉到一個較私隱的角落問：「發生什麼事？」

李太抬起頭說：「細女要去旅行。」

「幾時出發呀？」

「過幾天星期一飛，要去一個半星期。」

「之前無聽她講過？」

「無。爸爸的情況咁差，她仲有心情去玩！爸爸的病已經夠我煩了，她廿歲女還不懂得想，都怪我們從前太寵她了。」

「你有和她傾過嗎？」

「當然有啦！不過她說去台灣不是玩，而且留下亦沒什麼可以做。」

「如果細女出門，有什麼突發事情，誰可以幫你手？」

「大女和其他親戚都會幫的。」

「大女有和細妹傾過嗎？」

「應該有，不過改變不了她的諗法。她自細就有自己一套。」

「你實在唔明白，亦好難去改變細女離港的決定。不過你知道，萬一你先生在細女離港這段時間出現什麼情況，你大女、其他親戚仲有我們醫生、護士、姐姐、社工……成組人都會睇住，會幫你。你只是不明白細女點解要在這時間出門。」

李太望著地下點點頭：「我是她媽媽，但是我都真的不明白。」

「你打算告訴你先生嗎？」

「這幾天，他已經累到整天閉著眼，不願講話。我不想講，亦唔知點講！他最錫細妹，萬一他醒來問起，便説她忙，來不到探他吧！」

第二天晚上，我遇見細女：「聽媽媽講你快要出門，都打點好了嗎？」

她點一點頭：「唔！」

我繼續問：「在你離港期間，有無什麼想我們特別關注……或者想我們代你留意……之類？」

她想了想：「睇住媽媽……有事就通知家姐……無其他了。」

「咁……爸爸方面呢？」

「唔……無了。他已經沒那麼不舒服，多謝你們！」

「所以你放心在這個時候出門？」

「係！」

我再問：「你選擇這個時候出門，有面對家人反對的壓力嗎？」

「少少啦，都OK！」

「咁……有無心理準備會在出門期間接到爸爸病危的通知呢？」

她深呼吸一下：「無辦法，都預咗！他像這樣，沒有太大不舒服就已經OK！」

「聽起來，你已經準備好爸爸離世。」

「都可以咁講。」

「我有些好奇你選擇這個時間和選擇去台灣，有無特別意思？」

「之前常常聽爸爸説，當年踩單車台灣環島遊。他以前提過好多次，好想可以再去，亦鼓勵我去。所以今次我想親身體驗爸爸當年的經驗，給爸爸見證我的遊歷和成長。我會沿途把風光用視頻傳給他看，我想把握最後的機會帶他重遊。」她的雙眼充滿對生命的期盼。

「這次的出門，對你、對爸爸都有很大意義。」

她很堅定的點一點頭：「唔！」

我笑著點頭：「大個女！有自己的想法，你媽媽現時未能了解。嘗試在出發前找機會好好告訴媽媽：這次旅行是你送給爸爸，讓他安心的一份禮物吧。」

孩子不生性？

「仲成日掛住玩，咁唔生性，乖點啦！」
母親在病房向女兒嚷。

女兒原本獨自與她的小熊仔，在爸爸床邊細細聲唱歌説故仔。

她聽到母親的説話，很快的望一望母親，伸伸腰，左左右右擺動身體，撥弄幾下頭髮，沒趣地嘆了一口氣。小小身軀無力地陷在成人坐的硬膠椅。

我帶笑走向他們：「媽媽和小寶來探爸爸啦！小寶真乖！」

「只有你才讚她！」

繼續微笑問媽媽：「小寶今次做了什麼叫你生氣呢？」

「她只懂得玩，真不生性！」

「聽來你很心煩，説來聽聽吧。」

「她爸很快會死了，都不知她明不明。唉！」

「好快她爸爸就不在了，她未必明，就算明，他的離開亦不能避免。」我深呼吸了一下，繼續説：「今天爸爸仍在，她就和往常和爸爸一起的時間一樣，在爸爸身旁和小熊仔唱歌説故事。而你好明白，爸爸快要走了。他的離開亦同樣不能避免，可是，你在她爸爸離開之前，已經不能像往常一樣，一家人一齊享受這一刻的天倫樂了。」

兄妹各施各法

「妹妹，又來探爸爸？！」

妹妹無精打采勉強笑了一下，向我點頭。

「今天你看來怪怪的，怎麼啦？」

「唉！大哥囉！」她瞄瞄身後的大哥。

我先讓她離開大哥和爸爸的視線範圍：「什麼事？和爸爸有關嗎？」

「爸爸的情況大家都清楚，可以幫到他的已不多了。他修佛，我叫大哥為他誦經他推說不懂；叫他為爸吃素又說麻煩；他什麼都不肯幫爸爸！」

「這真讓你心煩！」

「就是嘛！」

我再問：「你有好好和哥哥傾嗎？」

「當然有！有次和爸媽一起傾開，叫哥哥為爸爸吃素或誦經，結果鬧到不歡而散！」

「爸爸有什麼反應？」

「他當然不高興啦！爸還說不希望見到我們因為他而不和！」

「你爸爸希望一家人和睦，家和萬事興！」

「唔！」妹妹點頭：「所以都壓住自己不講了。」

「你哥哥本身有宗教信仰嗎？」

「他是基督徒。之前他有帶教會的人向爸爸傳教，不過爸爸表達了他已經修佛幾十年，不會轉。所以我才提議哥哥為爸爸誦經、吃素。」

「你提的誦經是什麼經？」

「地藏經、般若經……什麼都可以！」

「都是佛教經典嗎？」

「當然！」

「哥哥是基督徒，他不懂佛教經典並不奇怪。就是你想他跟著你去誦佛教經典亦不能勉強他。哥哥有為爸爸祈禱嗎？」

「有的。哥哥說他和他教會的牧者和弟兄姊妹為爸爸守齋祈禱和祝福。爸爸見他們探訪，亦接受他們為他祈禱和祝福。」

「哥哥一向都是吃葷的嗎？」

「是呀！」

「他們基督教的守齋是怎樣的呢？」

「聽他提過，大概是不吃温血動物，一日一正餐，節制貪慾，反省自身之類。」

「這是哥哥信仰基督教的處理方式呀！哥哥用他的信仰方式幫爸爸，很好呀！」我再問：「在佛教裡除了誦佛教經典、吃素外，還有其他方法可以幫到爸爸嗎？」

妹妹說：「有呀！行善、布施、請法師……等等等等。對人口說好話，行好事，心向善，甚至報以一個微笑都可以有功德迴向爸爸。」

「你估哥哥會否較易接受呢？」妹妹終於笑笑回答：「會的，哥哥平日在教會內都很熱心助人！」

「兄妹方式雖異，但目標一致，又取得一家人的接納，相信爸爸會感欣慰的。」

春分

這一天南北兩半球晝夜相等，
植物紛紛生長。

潛藏二十年的箭

「這衝突是什麼時候發生？」
「在廿年前……不過我永遠都不會忘記！我叫自己永遠都不可以忘記！」

我輕輕深吸了一口氣，身稍微向前傾，說：「看來，他廿年前所講所做的，刺得你好痛。」

「是的！就算現在他病到晚期都唔係『大晒』！你不要試圖勸我原諒他！就算他死了我都不會咁輕易原諒！……現在還來醫院探他，將來幫手做後事，只是不想麻煩你們醫護人員，這亦已經是我的底線！」

我堅定地望著她：「你是否原諒他，又或者他現在到了晚期就是否值得被原諒是一回事。我反而關心你。」我稍停一下，再說：「當你再次想起那件事的時候，除了會勾起你被刺傷的感覺外，有什麼正面的提醒嗎？」

她想了想，說：「我學懂了要保護自己，尤其是對方是『親人』！我會特別警覺！」

「那次之後，他有再傷害你嗎？」

「在那之前已經太多次了，我之後亦不再留機會給他！」

「自此你學懂了如何保護自己，免被他對你再有新的傷害？」

「是！否則『抵死』的是自己！我亦會看不起自己！」

我低下頭，看著她的腳說：「即使這經歷多麼令你痛苦和難受，你實在亦從中學懂了保護自己。記住他所做過的和講過的那些話，對你有很重大的意義。」

「對！就是這樣！」

「既然他不可能再傷害你。」我抬頭正望著她說：「在未來的日子，你想不想當這回憶再浮起時，受傷的感覺可以減輕一些呢？」

她望著我搖頭：「不可能的吧！」

「既然他所做和講的，在廿年前已是最後一次，現在你每次想起，仍感到再次被傷害——你是否正在用他的箭，重複地一次又一次用來傷害自己呢？」

她的眼神有些疑惑，深呼吸，眨眨眼，望遠方，靜靜地想。

時間彷彿停住，直至她視線遠方轉向我。

我說：「廿年前的經歷除了令你很憤怒，學會保護自己外，還有其他的領悟嗎？」

「有些人幸運地出生於溫馨家庭，根本無法想像世界上有一些親人可以對家人這樣殘忍！他們不會明白這些家人的傷害有多痛！」

「對！作為過來人，你會更明白類似經歷的人，身同感受。要在家庭親密關係中建立人與人之間的互相信賴、彼此依靠扶持的同時，也要學習保護自己，珍愛自己，免於被傷害，這平衡很痛苦很艱辛，但你做到了。當你能看清楚『他』和『他們』，你更能懂得如何自處，以及與他們相處。」

我望著她，她亦看著我。

媽媽的情感需索

「這段日子真係好辛苦！」
「辛苦到點呀？」
「丈夫見到我瞓著都在哭……」

「你自己知道嗎？」
「唔知！他不說我也不曉得。」
「唉！」我長嘆一口氣：「你辛苦了幾耐？」
「由細至大都睇住他們打打鬧鬧，但爸爸總是維護住媽媽。媽媽無理取鬧，所有的兒女、妹妹都離她而去。」
「什麼原因你選擇留在她身邊？」
「明知她就是咁，有看醫生，但又不吃藥。唔通而家才唔理她？」
「聽到你在情感上真係好唔捨得，但被她牽住鼻子走。」
「工作時一接到她的電話，就會好煩惱。她所講的有時是真，有時是假，有時當刻真假難辨。」
「會呀！就像在海中遇上了漩渦，被它拉進海底。」
她繼續一邊講，一邊擦眼淚、清鼻子。
「你在工作崗位上，有遇上類似這棘手的人或事嗎？」
「有的。」
「你處理到嗎？」
「都可以的。」
「是怎處理的？」
「一早就唔合作啦！」
「若果不能擺脫呢？」
「公事公辦囉。」

「好呀！公事公辦完呢？你會同對方繼續社交應酬嗎？」

「可免則免了。」

「避無可避呢？過程中會上心嗎？」

「當然唔會啦。」

「那種交往應酬是工作一部份？還是會交心呢？」

「算是工作一部份。」

「有些事情無可避免地要面對。又或者是你選擇這刻繼續承擔。在心態上，程度上，可以選擇視它為工作的一部份去處理，抑或打開自己的心毫無保留，卻令自己很痛苦？其實你能清楚分辨到，對方只是想滿足自己的需要而已。」

「是的。」

「這個對方可以是你工作上的同事、同業的競爭對手——今天可以是你媽媽。」

她呆住了。

「你愛她，在這一刻不想離棄她。同時，你要看清楚這刻的她，是只會不斷在你身上苛索？」

她沉思。

「在職場上工作多年的你、三四十歲的你、成熟的成年的你，會點樣保護自己，愛錫自己呢？由細至大，辛苦咁耐，這刻若你有得揀，你會點錫返自己？」

「我想和先生去兩日一夜的旅行，但現階段不行。」

我放慢深呼吸了幾下，她亦不自覺跟著做了幾下。

「咁……以旅行的心情，每隔一兩天，三兩天，甚至每週留給自己和先生兩小時的小息，可以嗎？」

不忿照顧爸爸

「你有自己的家庭，又要照顧爸爸，很不容易。」

「我都唔想，不過無辦法。」

「爸爸有晚期癌病已經難照顧，再加上認知障礙，單是想像都很不簡單啊！」

「唉，真係無仇報！」

「哦，點解咁講？」

「爸爸雖然不是那種無惡不作的壞人，但是從一個兒女或者太太的角度，他絕對是不稱職、不負責任的家人。」

我望著她。她望望遠方再望向我。

「因為他的任性，我跟他交惡了一輩子。從小到大，爸爸都不理我們。在外要面子、要威風。媽媽説過，他是一個今天賺十塊錢會用九塊，明天賺十塊會用十一塊的人。一直以來只有媽媽在守住這個家。他看我的眼神總帶著一點不友善或厭惡。

我很深刻地記得：我還是小學六年級，他便當著我面前對媽媽説：『等到她十八歲，我就會離開這裡。』之後有一次，媽媽在家抹窗。她扶著鐵窗枝，整個身都在窗外。我和細我兩年多的弟弟站在屋內望著媽媽。她在窗外很使勁地抹，我知道她隨時一放手就會跌死。我在旁幫她把骯髒的抹布在水桶內搓洗，再交給她替換，當時我和弟弟都不敢作聲。我就一直期待著十八歲爸爸離開我們的日子。真傻！」

大家靜了片刻。

「到我十八歲，他沒有離開，屋企的氣氛亦沒有什麼改善。後來媽媽過身，我心裡不禁問點解走的是媽媽！」

「母親離開、十八歲後日子或會有所改善的希望落空，我聽到你有很多不捨和不忿。」

「反觀爸爸因為記憶力倒退，他對自己所做的一切連一句道歉也不用說。我現在就要照顧他！」

「所以，你話『無仇報』……你最不甘心的是什麼？」

「媽媽盡心盡力為我們一家，幾十年直到離世，生活都不愉快，我們快要出身了卻未能享福就死了。相反爸爸沒有克盡己職，然而晚年有兒女為他照顧打點，這就是因果？因果是這樣的嗎？」

我深深地深呼吸了幾下：「爸爸今生能享有這兒女孝順的福報，唔知他在過去生做了什麼可以有此福報？」

「唔知。」

「他今生所種的惡因亦唔知道會在哪時他要感果。」

「唔知。」

「你這一刻懷住不甘心的心情，照顧與你交惡了一輩子的爸爸——不知道這又會為自己種下什麼呢？」

探病發脾氣

探病時會把圍簾輕輕拉上，多一點病人私隱，不過聲音還是會外傳。難得可以探病，卻聽到女兒在圍簾後向病重的媽媽抱怨。

「你食多一口啦……這補充劑不容易找的，我上網找了很久，花了很多唇舌託朋友才買得到……這個燉湯爸爸亦都忙了一個早上……你俾啲鬥志啦……唔好咁快放棄好無……」

圍簾外面聽不到媽媽的回應。

一小時的探期很快完結，女兒走出圍簾，我於是拉開圍簾，眼前母女臉上都是失望與沮喪。

與女兒行去在媽媽看不到的地方：「陳小姐，原先見到你帶著很期待的表情來探望媽媽，怎麼探完之後，樣子變得很失望似的呢？」

「如果媽媽不是這樣堅持一次又一次不去治療，就不會弄到今日的田地。」

「你有嬲她嗎？」

「講真，嬲！」

「你嬲她每一次都做錯決定？」

「嬲她早期不肯接受治療，嬲她不同我們商量，嬲她成世人什麼都死忍，嬲她到現在什麼都不説……全世界都為她著急。」

「若果她肯改變一下，就不會令你們愛她的一家人這樣辛苦？」

「係㗎！不過她生病，我又唔想再説她。但作為家人真的好辛苦。」

「係嘅，她做錯了。作為屋企人，對呢種狀態唔能夠忍耐、無辦法忍耐、自己的忍耐力唔夠，面對她好辛苦。事到如今，怪責都不是出路，還破壞大家關係。怎樣能夠增強自己的忍耐力呢？」

「我都想知！我都唔想每次見到佢都發脾氣！」

「發完脾氣，自己又內疚。」

「是的。」

「這段時間你覺得媽媽有什麼好勁、好厲害、值得你欣賞的地方？」

「……仍然堅持自理……無抱怨……」

「好處是？」

「令屋企人可以繼續專注自己的工作？學業？日常運作？不過，我不想她咁樣囉！」

「雖然媽媽過去的決定，在你們眼中是錯的，不過媽媽就是事事以家人行先。」

她點頭：「係！」

「要感恩她對家人的用心並不容易，不過這是她的價值觀。」

「亦因為咁，大家先咁不捨！咁心痛！」

「大家亦很容易掉入情緒中。要在傾的同時留意自己的呼吸是否平順，及早發覺自己是否不知不覺間掉落發脾氣，遠離了原本想好好親親媽媽、支持媽媽、關心媽媽的原意。」

「唉。」

「至於媽媽，她雖然病重，但她清楚在什麼情況下，用保持緘默來令一家人保持她心目中的和諧。」

「不過，就無法知道她的想法。」

「想要從媽媽的角度去了解每個決定背後的原因，先決條件就是要先放下自己已有的想法。忍耐力提高後，或者會有些新發現，會了解她多一些。」

信仰的角力

陳小姐探訪母親後一臉愁容踏出病房。

「今日探完媽媽個樣咁愁，諗緊什麼？」我不禁問。

陳小姐答：「媽媽日子唔多了，仍然不肯信主。這麼多年來我什麼方法都用過了。姑娘你可否勸勸她？」

「噢！……當初是什麼打動你，令你信主呢？」

「我不算是乖乖女。當初都是貪玩，跟同學、老師返教會嬉戲，慢慢在聚會和教會生活中感受到那份包容、接納，之後被打動了才信主的。」

「媽媽反對過嗎？」

「媽媽開始時不知道，後來知道了，亦認識我教會的弟兄姊妹和牧師，她覺得我跟他們一起不會學壞便不反對。」

「這些年來相信你不止一次向她傳福音吧！她一直拒絕的原因是什麼？」

「她總説遲些才談。」

「你這樣想媽媽信主，是為了什麼呢？」

「我想她得永生！希望將來可以在天家重聚！」

「你意思是即使媽媽離世，仍想將來可以與她重聚？」

她點頭，我接著問：「還有呢？」

「我想媽媽知道我和天父都很愛她！」

「你指對她的愛，不會因為她的死亡而終止？」

「係！她永遠活在我心內，而且我還希望將

來我們可以再見！」

「不論媽媽入教與否，你對她的愛會有分別嗎？」

「無分別！只是若果將來不能重聚的話……我會有點難過。」

「不論媽媽是否願意向你表達背後的原因，又或者不論那是個什麼的原因你都願意只是去聆聽、了解和接納？」

「我試試！」

「好！那就先試試放下你的個人意願，聽聽她的看法和背後的原因吧！希望你可以像媽媽包容你入教會一樣地包容接納她，而非嘗試改變她，要她聽你的。」

我和陳小姐來到陳媽媽面前，坐下問道：

「陳媽媽，這些年來你囡囡一直向你傳福音，她心裡有疑問，想知道為什麼你讓她信主而自己卻選擇不入教會。你的想法是什麼呢？」

「我放心囡囡信主，因為我相信她在那團體內，她會行正道。而我唔入教，是因為我答應了奶奶和她父親臨終前的交託，代他們供奉陳家列代祖先。現在仔女們都入了教，這個責任已經傳不下去，我亦管不了，但起碼我一日尚存，自己總不能背信棄義，不守承諾。」

離開病房後，陳小姐若有所思。

「你作為天父的使者，如何讓母親體會到天父對她的包容、接納、仁慈和無條件的愛，而不需要她做背信棄義的事呢？」

陳小姐深深地嘆氣：「我可以點做呢？」

「以往在這情景，你會點做呢？」

「祈禱！」

「求什麼？」

「求主帶引媽媽信主！」

我再問：「聽完媽媽講她的牽掛之後呢？」

「求主賜我智慧，找到方法令媽媽不用做背信棄義的事，並且圓滿解決她的牽掛。希望媽媽體會到天父對她的包容、接納、仁慈和無條件的愛。」

「將來是否可以在天家重聚這心願，你就交託給你的天父吧！」

亞基的伴侶

眼前的中年男子衣著簡潔，中等身材，輪廓分明，濃厚烏黑的頭髮中帶有幾根銀絲。

「你好呀，今日又來探亞基？」

「係呀！」

「你們感情很深，每次返工都見到你來探望他，照顧他。」

他點頭微笑。

「你們認識多久？」

「都廿幾年。」

「亞基有你這位好朋友幫手照顧真係好。」

「亞基因和父母不和的事，心裡仍有條刺。我在掙扎應否通知他們。」

「哦？你意思是他父母不知道亞基已經病重？」

「未……唔肯定……」

「咁……你知道他們與亞基不和的原因又是甚麼嗎？」

「是因為我。」

「你意思是他爸爸媽媽知道亞基和你交往了廿幾年，仍然接受不到你？」

「係，因為亞基是獨子。」

「亞基想你告訴他的父母嗎？」

「他怕傷害到他們，怕他們接受不了，而他和我自己亦再無精力去處理。」

「也對，那你呢？有其他人接受和支持你們嗎？」

「幸好我的父母和我們一班朋友都愛我哋，支持我們。」

「面對現在的情況，你最擔心的是甚麼？」

「擔心日後他的身後事我可以點辦……」

「過去我們不時都會遇到一些病友，不論他／她們有否結婚，都未必由伴侶又或有血緣關係的人去處理他們的殮葬事宜。最後有時是鄰居、社署職員、或是教友牧者代辦。你作為亞基一位廿多年的好朋友，你持有他的身份證，了解他的喜好厭惡和生平，你可以處理的。」

「但我聽過一些朋友的經驗，有承辦商不受理他們辦同性伴侶的追思活動。」

「這點是有的，但同時亦有些有心的殮葬商可提供一條龍服務。」

「咁就好了！其實我有同亞基講，我們應該一早就向醫護人員表明伴侶關係，早點獲得相關資訊，便可以減少無謂的擔心。」

「醫護界其實是社會的縮影。當中有人接納，亦有人抗拒同性伴侶這事，亦有不同性傾向的同事，各有不同家庭背景、信仰及價值觀。你們不需要向所有醫護人員全無保留地剖白，可以想說時才說。」

清明

草木始發新枝芽，人們到郊外踏青。

沒法入睡

梁伯第一次入住我們的醫院，我不很知道他照顧者的情況。

「你好呀！我係安姑娘。今晚我負責照顧梁伯。你係梁伯的……？」

「我是她女兒。」

「梁小姐，你好呀！這段時間你照顧梁伯辛苦嗎？」

梁小姐聳一聳肩，苦笑了一下。

「睡到嗎？」

她垂低頭在搖，尷尬地笑，微微的深吸一口氣，眼睛有些濕潤，加快地眨。

我再問：「這段時間你清減了嗎？」

她抬起頭，雙眼向上左望右望：「無留意……衣服確是鬆了。」

「有聽到身邊常見的街坊、親友、同事説你瘦了嗎？」

「有。他們有説我起碼瘦了一至兩個碼……十磅左右吧！」

「他們都很關心你呀！」

「瘦多瘦少現在都顧不了！」

「最近每晚可睡多久呢？」

「三四小時吧！有時感覺像沒睡一樣。」

「感覺怎樣呢？」

「躺下時，日間的事會浮上來。有時是應做但忘了的事情；有時腦海一片空白，但合上眼，一點睡意都無，就像要趕功課，飲了咖啡一樣。好醒，但什麼都想不到。」

「這種感覺，不是親身體驗，是很難明白的。」

「係呀！人們叫我不要想太多！但根本不

到我不想！難道唔理亞爸？其他兄弟姊妹都有難處，唯有我理。有時我什麼都沒想，但醒著，就是睡不著。」

「你身體本身好嗎？有長期食藥嗎？」

「有。我要返精神科覆診，在食藥。」

「介意告訴我是什麼病嗎？」

「抑鬱症。」

「噢……唔容易……你有食足藥嗎？」

「一時時啦！亞爸較辛苦時，要整晚看著他，不敢吃藥睡覺。因為那中途是完全叫不醒，要等藥氣過了才能醒。」

「精神科那邊知道你爸爸的情況嗎？」

「知道，我有講。醫生也關心，勸我要放鬆，還想開多隻藥給我瞓覺，但我拒絕了。」

「你的精神科醫生很細心。亞爸的情況反覆，你這樣錫他，比一般人都容易失眠。所以醫生預先開多少少藥給你看門口。平時吃了處方藥物，仍是連續失眠時就可以吃，不用等下次見醫生。」

「不過可以的話，我都唔想加藥。」

「當然。現在趁爸爸入院，把握機會照顧自己。正正經經吃好三餐，要有飯有菜有肉，來看爸爸時，若他睡了，你不妨做點伸展拉筋鬆弛的運動，一會我找單張介紹給你？」

她點點頭。

我繼續說：「看可否晚上十點就休息，如果連續一兩晚睡不著，試著吃點藥讓自己睡好。不然睡不好，叉不到電，怎照顧爸爸呢？除非你真是機械人！」

她苦笑。

「有什麼事，或者想法，要和我們傾。一人計短，二人計長。我們這些年所見的病人那麼多，總有辦法的。」

「你講得對。」

之後，我們亦認識了梁伯另外的子女，可以幫忙做晚間的聯絡人，讓梁小姐晚上可以好好地睡。

後悔選擇

「我當初應該早一點陪佢去做身體檢查……」

「你記得當時伯母有什麼異樣，或者有告訴你她有什麼不適嗎？」

「無呀！她長期以來都有咳嗽，檢查過一直都查不出有什麼。中藥、西醫的方法都用過，最後就一直看中醫諗住慢慢調理身體。其實早在一年前，她因為返新工，公司要求驗身，又X光又抽血又驗大小便。當時一切正常！今年媽媽五十幾歲，我於是想每年安排她做一次全身檢查。她比較容易疲倦，我還以為是上班辛苦，交通勞累等等。」

「加上她步入更年期，衰退亦是預料中事。」

「我就是這樣想。平日看開傷風感冒的家庭醫生亦著我放輕鬆點。當時還未做身體檢驗，哪知道當她說肚子不舒服時，病情已經踏入晚期不能逆轉。」

「情況轉變得如此急劇，實在是出乎你的想像。甚至連平日照顧開伯母的醫生，在這之前，都告訴你可以放輕鬆的。」

「如果我早點知道……可能唔會咁樣……應該會好一些……」

「你好錫媽媽，好不捨得佢。」

「係呀！所以如果……」

「無論幾早知道，人生都總要面對別離之苦。你越是愛她，離別的時候就越傷痛。」

她一邊點頭，一邊在流淚。

「如果事情可以從頭再來一次，有什麼你想講而沒有講？想做而無做？」

「……我不想把工作上的怨氣、怒氣發洩在她身上。其實每次我都知道的，也曾經對她講對唔住，但不到兩天又會重演。媽媽由始至終都無說什麼，極其量只說一句：『嬲對自己對別人都不好。』就行開。」

「情緒來到，成了主人，你自己亦控制不了。說話出了口，接著又內疚，但是又跳不出來。」

「所以知道她有病後，就更加內疚和嬲自己。」

「要掌控到自己的情緒，比較起認錯更難。你想克服情緒？」

「我想！」

「平日你除了回想情緒上來時對你自己，對母親的傷害作為警惕。不妨亦多想你媽媽慈愛的勸勉。當你每次情緒開始上來時，用心諗她所講：『嬲對自己對別人都不好。』你慢慢會一步步，一次又一次克服了一點點。記得每一次都在心裡告訴媽媽：多謝媽媽，媽媽每一次都會很安慰。

當你能夠跨越自己受憤怒情緒控制的死結，將來便能夠更實在的造福同樣陷入這困境的人。」

想到媽媽的痛

「每次來到醫院探媽媽，都覺得她重病很痛苦，自己心裡亦都很難過。姑娘你每日返工見盡這些……你會難過嗎？怎可以繼續呢？」

「親屬關係的傷痛，可以比醫患關係來得重，不過要減輕內心的難過亦是有方法。」

「我每次探訪前，途中想到媽媽承受著痛，我已經很難過。探完她在自己回家的路上，不禁亦會想起。可以點做呢？」

「我們一起去床邊看你媽媽好嗎？」

她有點疑惑，還是答好。

我說：「準備去看媽媽前，我們可以先做幾下呼吸。」

她點頭，跟著我的提示。

「若你喜歡的話，可以半垂眼簾，甚至閉上。

吸氣……

感覺到空氣進入，在吸氣……

呼氣……

感覺到空氣呼出，在呼氣……

吸氣……

呼氣……

吸氣，吸入安穩……

呼氣，呼出平安……

吸氣……安穩……

呼氣……平安……

安穩……

平安。」

看著她自行呼吸了一會，眼皮漸漸打開。

我問：「準備好了嗎？」

她點頭。

「一陣你見到媽媽時，要意識到自己同時在呼吸，而且仔細觀察媽媽，看看你睇到什麼。我會一直在你旁邊。」

我們一起步近床邊，母親睡了。起初，她凝著呼吸；之後，呼吸自然變化；再過了一會，她向母親點了點頭，望望我。

我問：「你望著母親，看到什麼？」

「我看到媽媽的眼合上，口半開，呼吸平穩的在睡。」

「她的眉頭皺起嗎？」

「沒有。」

「面上肌肉是繃緊的還是鬆弛的呢？」

「是鬆弛的。」

「你看到她現在的樣子，你的心情怎樣？」

「想到她快要死了，我很不捨得，亦很難受。」

「正正是同一張臉，合上眼，眉頭和面頰都放鬆，口半開，呼吸平穩在睡。我看著，感到她能安穩休息，我會覺得平安。和你所感覺的大大不同。」

「因為我會不捨得……」

「是呀，甚至可能內心會抗拒……」

「會的，久不久會問：點解是媽媽……又或者還有甚麼可以令她不用死……」

「在母親身上她能承受的兩分痛，當你的抗拒越大，她的痛在你身上就被倍大，變成你現在所經歷的痛苦。」

「關鍵是……」

「其中一個關鍵是你的抗拒有多大。」

「那麼我的解決方法是……」

「先用呼吸平穩了自己，冷靜沉澱的看清楚面前母親的狀況，一步步來吧。」

照顧好自己？

「照顧自己！照顧自己！誰不會説？説了就是嗎？笑話！」

「這段日子，你實在太累，亦撐得太長吧。」

「是的！不過又可以怎樣呢？」

「若果可以，你最想怎樣？」

「最想他好返！行得走得！食得瞓得！仲要屙得！咁就一天都光晒！」

「最大的願望當然可以回復健康，其次呢？」

「夠了！他可以好返就什麼都解決了。」

「一個人有重病，是一個家庭的事。你照顧他一段時間，自己亦累了，可以的話，你最想……？」

「我最想可以好好睡一覺，什麼都不用想，好好吃一頓飯。」

「他現在住院，你在家晚上睡好嗎？」

「好一點，可是也半夜醒來。他未入醫院，我醒來會看看他，幫他轉身，喝水，小便。他入了醫院，我半夜醒來很掛心。」

「想留在醫院過夜陪他嗎？」

「不用，之前留過幾晚，見到你們定時幫他轉身、換尿褊；不舒服的，亦有給藥打針；情況有變會通知家人。我是放心的。」

「仍然失眠是因為……？」

「控制不到……控制不到大腦。」

「噢！腦部怎樣不受控制？」

「停唔到。」

「唔！這點很重要！你想試練習，用五至十分鐘放空腦袋？」

「就在他床邊？」

「我們去另一間房，要關手機，不受干擾。」

「唔！我先看看他，轉頭找你。」

之後……之後她沒出現……之後下班了。

我很想告訴她：無論等電梯、等車、坐車的時間，都可以照顧自己。

放下手機，觀察自己的呼吸，放空自己腦袋，事情待續，同時亦放下了。

慢慢走，快快到

「二十分鐘的坐禪太奢侈了，我帶住孩子，莫講話坐定定二十分鐘，就算要每口食物數算咀嚼三十下，都不是易事。」

「真的，其實重點是食飯當刻，自己的心神放在哪裡。我們拿起了碗筷又好，用手直接拿著食物又好，享用食物時，我們在過程中欣賞到食物的色香味嗎？咀嚼時，耳朵聽到咀嚼時的聲音嗎？牙齒、嘴巴、舌頭、口腔在與食物接觸時覺察到什麼嗎？重點是讓自己慢慢進食，享受過程。藉著進食去感恩。最精美的極品佳餚，貪量的，或者狼吞虎嚥，對身體只帶來負擔。最簡單的粗茶淡飯，好好進食，少少的份量都能夠滋養身體，提供所需，照顧地球。」

「我們的生活就是匆忙！」

「身體是自己的，父母交了它給我們，管理、照顧、運用它的人，就只有自己。」

對方深吸一口氣：「……唔……」

「唔，你有否試過放工放學後趕回家，帶著一肚子情緒，期盼回到家，見到孩子、伴侶、家人、寵物，把自己投入他們的一個抱抱錫錫，去為自己充電療傷，結果卻因為對方一個無預期的舉動而崩潰？」

「噢，試得多了！有時連老媽叫我飲湯，都會起火！自己是知道的，但又控制不了。重複又重複，很慚愧！有時自己會刻意行多十分鐘經公園仔才回家，希望可先消消氣，降降温。」

「有這醒覺很好呀。」

「不過有時太累，又不想多行呢。」

「重點是怎去行。開始行某一段路時，自己的心神要放在那裡。吸氣時，知道自己在吸氣。呼氣時，知道自己在呼氣。吸氣時，聞到這空氣的味道。吸氣又好，呼氣又好，感覺到這口空氣是怎樣的呢？是凍？是涼？是暖？是熱？是濕？是乾？吸入的這口氣與呼出的這口氣有分別嗎？

……提腿踏步時，知道自己在提腿踏步。大腿、膝蓋關節、小腿、足踝、腳踭、腳板、腳趾是怎樣配合？自己整個人的重心是怎樣轉移的呢？開始時我們只要放慢步伐，細意觀察每一個踏步。」

「要行得這麼慢時，心很急呢！」

「是的，在人多地方，排隊上車時可以練習的，反正當刻都沒法快。」

「咁又係！」

「當熟習以後，步速便可以加快而同時觀察到細節的變化。早前的和後來的不同。慢慢地，再觀察行路時雙手是怎樣擺動去平衡。頭、頸、肩在步行時是怎樣的狀態？自己臉上，此刻是掛著一個怎樣的面容？」

「平時真的不會留意這一些。不過，有意義？有價值嗎？」

「我們所擁有的這個身體，單單只要細看行路，每個部份的設計運作是多麼精細！街上普通一部汽車都值幾十萬，我們自己這個身體呢？一切看似如此簡單，順理成章，不用你去操心時，有值得你珍惜、高興、欣賞、讚歎的嗎？」

當我們踏出每一步，大地就用著同樣的力度承托著我們。

不管你有多大的傷心、難過，心情有多壞，都可以藉每一步，是每一步，盡情地交付給它。只要我們愛惜這大地，它有本事把一切轉化，還以生命。

當我們在四周接過悲傷、沉重，醒覺到身

體受到這些氛圍的影響，透過行路、細味身體的知覺，細味知覺的轉變。把悲傷、恐懼、憤怒、沉重，一一透過腳掌交給大地。把大地的生命力、喜悅、無私的愛，透過腳掌去接收傳到全身。

最初不妨刻意時常提醒自己面掛笑容。漸漸地、自然地，自己內心的轉化可以強大到感染你面前擦身而過的街坊。自身成為一朵蓮花，成為一個祝福，一個和平的使者。

一切可以由左一步、右一步開始。慢慢走，快快到。

穀雨。

雨水漸漸增多，滋潤大地。

一切來得很快

上班接更前，一如慣常在病房走一遍，來到郭先生的床邊。

他身材高大，肩膀橫厚，粗眉大眼，國字口面，黑黑實實的膚色明顯夾雜著黃疸，連眼白亦是深黃色。

他八小時沒有小便了，實習生正替他檢查小腹和膀胱。

我走上前說：「他在喘氣。」

「不過他超過八小時沒有排小便了，要檢查他是否『谷』小便。」實習生答。

「那麼，我們一起快快手一齊做吧。」

一邊做一邊問：「郭先生，你覺得急小便嗎？」

他搖頭，眼角有淚水。檢查顯示膀胱積存的小便不多，沒有必要插尿喉放尿。

「你覺得氣喘嗎？」

戴著氧氣的他點頭。氧氣喉管接駁正常，氧氣標指示正常供氧。

「檢查完了，現在先同你坐起，你繼續一下一下呼吸，我去取針藥幫你止喘。」

他點頭。手摸郭先生的脈搏，強而有力，但偏快。

「幫你通知家人來陪你好嗎？」

他搖搖頭。

到了交班接更之際，同事已為郭先生打了氣喘針，通知了家屬。前前後後不足一小時，郭太和十幾歲的兒子趕來，只是在趕到床邊前的一刻，郭先生斷了氣。

一切來得很快。郭太在床邊哭得撕心裂肺，

頭髮都蓋著臉。她一直把頭貼在郭先生的胸膛，用力地拍打郭先生。

「快起來！……快跟我走！……我點算……係我唔好…#@%！？…」郭太講話帶有很重的鄉音。

十幾歲的兒子戴著口罩，雙手下垂，站在床的另一邊，一動也不動，沒發出任何聲音。

我問他：「你媽媽在講什麼？」

他亦帶點鄉音回答說：「她說：快跟我走！……我們點算……係我唔好……」

「媽媽講『係我唔好』之後的鄉下話是什麼？」

「我聽唔到。」

我才留意到這個差不多和我一樣高度的少年，沒説話沒動作，原來整個口罩都是淚水。

郭太一手放在郭先生頸背，單手扶起他的肩膀，繼續哭叫，彷彿盡能力要叫醒他。

「郭太，讓我放下床欄，好讓你可以更靠近郭先生。」

我站在郭太後邊，不時把蓋著她臉上的頭髮撥去耳後。留意她會否因為情緒激動傷害自己。

郭太一邊哭，一邊訴説著她的徬徨。

我說：「你摸摸郭先生的手，還是暖的。」

她摸著、哭著。她開始撥郭先生半合的眼，嘗試助他合上。我在他床邊櫃內找到電鬚刨。

「你可以替郭先生剃鬚嗎？」

「他最愛整潔的，讓我幫他剃。」郭太哭著，繼續剃。

我隨勢離開郭太，走到少年旁：「仔仔，有其他親友要通知嗎？」

「通知過了。」

「會過來嗎？」

「唉！應該會的。」

「你陪著爸爸、媽媽，我一會兒再回來。」

踏出房間，深呼吸了幾下，通知了社工後續協助處理身後事。

愛永不中斷

陳伯一家和他自己，一直都知道面對的是晚期癌病。
什麼預設醫療指示、預設照顧計劃都早早傾了、做了。

日子一天天地過。入過院，出過院。再入院，再出院。今次的入院差不多到了準備出院的時候。陳伯已退休的女兒是主要照顧者，多次出入院經驗，已可掌握所有的程序，越來越多的照顧需要，亦難不到她。

原定出院的日子越來越近，進展亦頗順利，但就在出院前的兩天，同事說：「陳伯今天似乎有點不對勁。」

另一個同事說：「我都覺呀！他好似無什麼反應。」

陳伯雙眼合上，眉頭鬆開，時而背靠床背，時而端坐。

「陳伯，你還好嗎？」

他沒有回話，上身向前輕輕搖向前，嘴巴鼓起——我本能地隨手拿起桌上的膠碗。

「嘔。」陳伯唯一說了這個單字，接著便吐，一口接著一口。他嘔了兩三口之後上身稍微後靠，未有多說話，又坐起來嘔吐。

我們替陳伯注射了止痛和止嘔藥，亦通知女兒。醫生看過陳伯，同女兒相討後，把大部份藥物由口服改為皮下注射和針盒形式，可以二十四小時持續給予。

「原本兩日後回家的計劃，看來要暫時擱置了。」我問女兒說：「你覺得怎樣？」

「唉！知道出院回家對爸爸好，人手和環境

都準備了，他的情況卻有變。知道飲食營養對爸爸好，但多了他受不了，少了又不足……」

「你意思是……不論如何用心，事情都超乎你的預期，在掌控之外？」

「爸爸當年負擔起這個家一點也不容易。我真的很想好好地回報他。」

「這段日子，你不是正在回報他嗎？」

「是的，但是相比起他所做的，我覺得未夠，而且很快亦……」她有些哽咽。

「唔……你會因為兒女長大成家，有自己的生活，搬離開你後，你對他們的愛會終止嗎？」

「唔會，只是子女們不需要我照顧了。」

「爸爸又何嘗不是？」

「點同呢？」

「你對兒女的愛，對爸爸的愛，不都是不求回報？」

「是呀！」女兒瞪大雙眼說：「當然是啦！」

「萬物有序，不求回報，為愛而愛的話，子女的離巢或者父母離世，就會中斷你的愛嗎？」

未孝順過媽媽

「媽唔可以死，我都未孝順過她。她起碼要再活多幾年，等我可以照顧她，孝順她，她才可以死！」

櫃頂上放了一幅女户主年青時廿來三十歲的大頭相。眉清目秀，清湯掛麵。唯是黑白的影像，像是有甚麼隱喻似的。

沒想過首次的家訪，近三十歲的女兒會跟我那麼坦白：「媽叫我只管讀好書，現在剛大學畢業投身工作，甚麼都不會。媽當過記者，亦當過老師，她也是大學畢業的。我在中學與大學時期，媽總不要我做家務。我的責任是讀好書。這麼多年來我就只顧自己，自我中心，無孝順過她，照顧過她。」

女兒一口氣説完，再道：「她今天仍未洗傷口，你幫我替媽媽洗洗吧！」

媽媽平躺在一張雙人床的床邊。雙眼面頰下陷，無力地注視著我。

道明來意之後，慢慢掀開了被子與及腹部上一層一層的敷料。長期與疾病對抗的媽媽，現在每次進食的幾口糊仔都是躺著要別人餵食，二便失禁需使用尿褊，廿四小時臥床連轉身亦需別人代勞。

灰黑色的滲液從媽媽腹部的手術傷口滲出。除了骨架之外，甚麼都下陷了。她的手肘要比手臂粗；她的膝蓋要比大腿壯。

我一邊洗傷口，一邊鼓勵：「你媽媽很堅強，過去實在經歷了不少苦頭。」

媽媽木無表情，疲累的雙眼一時望我，一時閉上，一時望向她女兒。

「洗傷口會痛嗎？」她搖搖頭。

一個傷口能否癒合，首要是病人自身的修復癒合功能，其他都只是外在的助緣。基本的護理即使只能減少傷口滲液和氣味引致的不適，讓病人覺得舒服一點，尊嚴多一點，這在生命最後階段亦很重要。

「我唔想失去媽媽，我想她多活幾年讓我可以照顧她，孝順她。」女兒在床邊為母親盡力地打點一切，事事親力親為。

我心想：「究竟怎樣才是孝順呢？」

於是爬了上床，盤腿坐在母親身旁，放媽的手腕在我的大腿上，女兒坐在床邊，在母親另一邊。這樣大家都可以很舒適的看見彼此。

母親連提起手的力氣也沒有。我邀請了大家手牽著手。

「這段時間媽媽有你貼身貼心的照顧真好！你實在很不捨得媽媽的離開。」

「因為我沒有孝順過她……」

「你覺得你沒有孝順過她……在你中學大學一般年青人建立自己想法，最常與父母衝突反叛的時期，你聽從媽媽對你的要求，並落實執行。這不算孝順，算甚麼呢？」

「我不想媽媽離開我……」

「你不想媽媽離開你……你是由父精母血所孕育而成。你的每一個細胞內有一半的DNA來自媽媽。她就在你身體內，你是母親生命的延續。同時因著時空際遇的不同，你又是個自由獨特的個體。就算將來媽媽離世了，亦只是確立了成為你的一部份歷史，根本不可能刪除消失。你對媽媽的孝順，甚或叫她為你而自豪的一切，並不受制於她是否在世。你隨時都可以想起她。做某一件事時，也可以是為了媽媽，為了自己孝順媽媽，報答她。因為，她、就、在、你、內。」

女兒望望母親。

母親一直望著我和女兒，她聽了點點頭：

「係。」

雖然她的聲音微弱到無法聽見，但她的唇形和眼神是那麼的清晰和堅定。

慢慢慢慢淡忘？

潘伯的女兒，原本準備著接患有晚期病的爸爸回家，潘伯亦很期待。一切都很順利，直到臨出院前的兩天，潘伯突然變得非常疲倦，雙目緊閉，表情呆滯，全無食慾。

女兒對突如其來的消息，心情如過山車般。一天兩天地過去，回家的計劃取消了，再次好轉的期望似乎亦越漸渺茫。

院方預計潘伯會在一兩天內過身，稍稍放寬了至親探訪的限制。

女兒在病床邊，深知道爸爸不能被喚醒過來，也不再適宜進食或喝水。她為爸爸剃鬍鬚，修剪指甲，用潤膚膏按摩雙手；準備了蜜糖水，點點他的嘴唇。

她不時靜靜擦眼淚。

在病房中，她就這樣照料著爸爸。其他工作人員，雖然各自在忙，看在眼裡都覺得心痛。

稍有空間，我靜靜站在女兒身旁。

她對我說：「我們都知道爸爸是晚期病，時候來到，我們都不要急救，只要爸爸平靜舒服、安祥地離去。」

我望望潘伯，再望望她點頭：「你還好嗎？」

「現在只要院方准許，我就可以來探。將來……」

「你最唔想見到的情況是……」

「人是善忘的，我唔想慢慢慢慢……」她再次欲言又止。

「慢慢慢慢連對爸爸的印象，都淡忘下

來？」

「唉！」

「你印象中，爸爸時常做，喜歡做的是什麼？」

「他喜歡下廚，喜歡一家人老老幼幼一起在家吃飯。其實為他都幾辛苦㗎，勸過他不要太粗勞，不過他就是喜歡這樣。」

「還有嗎？」

「他身體還可以時，不時跟佛堂去老人院做探訪義工、表演魔術、唱歌，還得過義工獎狀。」

「潘伯有顆善良的心，樂於助人。」

「是的，所以除了家人外，亦有很多人不捨得他。他講過人要多行善多積功德。」

「那在將來你有餘力的時候，不妨作父所喜！」

「作什麼？」

「作父所喜，做他愛做的事。例如跟佛堂去探訪老人院做義工，為一家人老老幼幼開開心心的準備一餐。」

「哦？」

「當你以潘伯的名，延續他的善行，迴向給他，你在為他積累功德。當你在所有的能力之下，如他一樣高高興興地為一家人準備一餐，你延續了他對家人的愛。當你在作父所喜，有潘伯這第一身的經歷和感覺時，你會感到與他更親近。」

媽媽留下的説話

今日冷了很多，出門口前母親打量説：
「著衫呀！」
鼻子有點痕：「哦！」轉身就走了。

天灰灰，有點雨。母親説：「帶遮呀！」

「哦！」應付一聲就離開。

凍凍吔今晚在家打邊爐。「這邊生肉才剛放，你那邊的肉就算熟了，也要等這邊的熟了才可以吃呀！」

心想：「我這邊已經熟啦！」口裡敷衍：

「哦！」

「食咁少，嗱！」母親舉筷把餸夾到面前的碟子：「把這些都食清光！」

心裡喃喃：「食足幾十年！」嘴巴一聲：

「哦！」

「菠菜和豆腐……」心裡跟著一起唸：

「……不可以一齊吃的！」口裡答：「知道！」

「夜麻麻先來洗頭！用風筒吹乾先好瞓！」

「哦！」心裡嘀咕：「我都知……不過已經好眼瞓！」

「又不穿拖鞋！講幾多次赤腳行地板，寒氣由腳板底滲入，對身體唔好！」

心想：「邊有事啫！」

「嘩！成兩點！唔好讀啦！識唔識都好，要瞓啦！」

「媽！知啦！」心想：「仲有咁多未温……」

「諗唔到點計，你對住都無用㗎！掃吓地，洗個面，或者沖咗涼先，返轉頭就諗到㗎啦！」

頭有點痛，抱著頭心想：「係就好了！」

電話筒傳來：「……依家幾點呀？幾忙都

放低工作食咗先啦！食嘢要定時！」

「好……知道了……唔講啦！」

「使錢要量入為出！唔好先使未來錢！」

「你借住給我先啦！出糧還給你！」

「媽，我不想用你的錢去交學費！」

「錢用了，可以再搵。學到的知識經驗，自己的就是自己的。」

「仔女幾親都好，將來自有家庭，自己的伴侶才是陪自己的。」

「媽！我唔去相親呀！」

…………

「媽！點解你一句話不留低就走！」

媽俯視微笑：「你記得我講過的，我時時刻刻就在你身邊。」

你在我內　我在你內

蕭家在紓緩病房，是充滿陽光的。那是一種柔柔的、無壓迫感、自在而安穩、全然接納的包容氣質。很獨特。

蕭先生餘下的生命不多了，他們一家明白了解嗎？畢竟在這處境，較多是情緒波動、被壓抑著的，能夠如此安穩的較少見。

「蕭小姐，你好！收工來探爸爸了？」

「是的。多謝你們的照顧呀，他好嗎？」

「你留意他近日有什麼變化嗎？」

「他不吃不喝，只是在昏昏沉沉的睡了。死亡就是這樣的吧？」

「是的。爸爸往後的發展都會是這樣。」

蕭小姐很平靜，帶著微笑，雙眼與我對望。

我繼續問：「你聽到我這樣說，會有什麼感覺嗎？」

她望望蕭爸爸，再望向我說：「從小爸爸因工作需要，時常要出門幾個月見不到他。媽媽講，小時候我們時常扭著他不想他走，大一些會問：『爸爸，你會掛住我們嗎？』爸爸總是一臉慈祥又堅定地說：『不會。』小學的我，聽了當然傷心。

每次他總停下來對我說：『小寶，不論我身在何處，媽媽和你們時刻都在我內，沒有一刻是分開的，我何用記掛在我內的人呢？除非有一刻我不在你們內，否則，你們又何需記掛著我呢？』他的話我們似懂非懂的。

中學以後，又從課堂上聽到一句：『我們在成孕的一刻就承接著爸媽各半的基因。內裡更承集祖先世世代代的基因』。這是一個事實，只是之後自己能有什麼程度的體會和理解。爸媽年紀都大了，始終有一天會死，但他們自我懂事以來都告訴我們，不論是否在他們身邊，我們永遠都在他們內，而他們亦永遠在我們內。我們不是孤單的。」

我眼眶有些濕潤：「我聽著你的說話，內心感到有一股暖流，很溫暖。你有一位很特別的爸爸！」

「是的！他是很有智慧的爸爸！我們很有福，他們亦很有福。我知道就算他死了，我們都不會失去他。他要死了，不論我們在不在他身邊都不會是孤單一人，時刻都有我們同行。」

生命的曙光

社工同事告知，原來黃先生心願：在死後捐出眼角膜，家人亦尊重和支持他的善行，答應了會盡量配合。

難得黃家有共識，當然要第一時間通知眼庫護士登記。

「早晨鄧姑娘！」

「早晨！」

「我是××醫院××病房的安姑娘。有位病友七十九歲，身份證號碼×××××，想在死後捐出眼角膜。」

「好呀！」

……噠噠噠噠噠……

「他本身是腸癌，癌細胞轉移到肝，目前神志清醒。他的家人亦尊重和支持他。」

「他最近有發燒嗎？」

「入院後這星期都無發燒。」

……噠噠噠噠噠……

「有機會出院嗎？」

「近幾天情況在走下坡，這點很難說。」

「明白！若果出現發燒，要抽血驗……已登記好了，我會聯絡黃先生家人，確認他們的意向，了解一下他們有沒有什麼疑問。若果黃生過身了，請盡早通知我們。」

「收到。唔該晒！」

行過黃先生床邊，見他醒著。

「黃生，社工同事同我講你想捐眼角膜嗝！」

「係呀，家人都支持我。」

「好難得呀！已幫你向眼庫同事登記了。不論最後結果如何，你和家人有這份善心，我代受惠的病人和家人多謝你！」

「我其實仲想捐……」

黃先生的情況每況愈下，開始變得神志不清，眼睛由自動閉合到半開合。我們用人工淚水為角膜時刻保持最佳狀態，增加成功移植的機會。他在這臨終的階段沒有發燒，所以不用因為移植角膜而抽血。

幾天後，黃先生安詳過身，在家人同意下，眼庫技術員熟練地取下他的一對眼角膜。術後的黃先生眼瞼閉合得很好，眼庫同事同步核實、向家屬解釋、安排後續流程。家人看過黃先生的面容亦很安慰。

黃先生的離世對家人來說是傷心事，但他們的決定，加上很多人的努力，為另一位病友和家人帶來了生命的曙光。

立夏

夏天來了，天地始交，萬物並秀。

講多兩句都好

在病房，不時都有來自不同大型醫院的同事來交流學習。「你們真係比我們想像中忙！」

「你們想像我們是怎樣的？」

「唔……以為你們好得閒，成日可以同病人，家屬傾偈囉……總之，不是咁忙，而你們的關顧是深入好多的。」

「你試過在你的病房，做一些palliative care（紓緩治療）？」

「都唔知……叫唔叫做有……」

「講來聽吓。」

「有時忙到死，有些家屬仲要問些唔知好嬲定好笑的問題。有時真係好有衝動想一句『收佢皮』！」

我忍不住在哈哈大笑。

「你仲笑！」

「我鍾意你夠真！」

「真的，我不能夠每一次都沉得住氣，聽他們多講兩句。試過有一次，聽他多講兩句，已經可以同佢connect到。我們那病房唔興亦唔識做AD（預設醫療指示）。但在個戰場上，有時直接反應會聽，那就忠於自己聽多兩句！不過三秒之後又打回原形。」她尷尬地笑了一下。

我說：「我好欣賞你呀！就是這三秒，多聽兩句，你其實已經做了最核心的一點。」

「有咩？」

「其實沒有多少人能聽長篇大論，就算家屬也不一定能夠真心想聽。你能夠一箭點到紅心。把握最有限的時間，做最重要和有意義的事，make到connection。你已經係高手來啦！當刻的初心才是最重要。」

一小時叫廿幾次

「真係頂唔順那位婆婆！」

「她怎麼啦？」

「一日到黑不停地叫嚷！」

「她不舒服嗎？」

「噢，一定有，她的心唔舒服。」

「何出此言？」

「她可以一個小時內叫二十次以上！大叫陳姑娘！……黃醫生！……你一應她怎麼事，她就話：轉身呀！打電話給囡囡呀！換褊呀！」

「轉完身，打完電話給囡囡，換好了褊就安靜了嗎？」

「才不會呢！不足五分鐘又再嚷……換褊呀！濕晒都不幫婆婆換褊！著衫呀！落床坐下！打電話給工人姐姐！……明明在床上卻大叫返上床！煩死人！」

「連你這出名有耐性的，都頂不順了？！」

「頭都痛！」

「會呀，還會胃痛呀！」

「點哄都沒用，轉頭五分鐘又來過，真是無辦法。她女兒開到口，叫我們不要再打電話，她要工作！連婆婆附近的病人，都忍不住按鐘投訴她。」

「就算她怎樣令周圍的人煩厭，你仍是盡力在找辦法，欣賞你！」

「始終她是病人。」

「她是忘記了剛換過褊？還是真的再濕了？」

「有幾次再看過，褊是乾爽的。」

「你感到厭煩，但都去看清楚，沒有一下子

就否定婆婆的不適，很不容易！」

「她這樣無日無夜的叫嚷，仔女點可能接她回家照顧呢？」

「欣賞你會切身明白同住照顧者的難處。婆婆對外界的認知連繫不上，唯有看看開始調校藥物後的反應，未調控好的情況下催著出院，會爆煲的！」

醫院唔食得煙

嘟……嘟……嘟……

同事：「前街有人按鐘，等我去。」

「陳伯，有什麼要幫忙嗎？」

陳伯用住氧氣，少許氣喘，少許咳：「有人食煙！我聞到有人食煙！」

同事馬上看看四周：「誰在食煙？醫院範圍內是不可以食煙的！」

原來鄰床新入院的病友躲在圍簾和病床之間，手拿著點著的香煙，一臉尷尬。

其他同事趕來：「醫院範圍唔可以食煙㗎。」

「有病人用緊氧氣，有煙火會爆炸㗎！」

「我要收起你包煙同火機，交返俾你屋企人，病房唔可以食煙。」

食煙男一臉迷惘。

交更的時候，大家都談起病房食煙事件。兩天後交更，同事再提起：「唉，食煙男又偷偷在病房食煙！病到晚期都仲食煙，好心就趁入院戒咗佢啦。」

「剛剛又聞到煙味，從他的行李中再搜出香煙同火機，屋企人仲繼續帶煙同火機給他，太過份了。」

「屋企人仲問，不可以出花園食煙嗎？以前可以喎！」

「今時唔同往日，疫情之後，很多病人活動都收緊了。」

有同事問：「電子煙得唔得呀？」

「要同事、隔離床食二手煙？當然唔得啦！」

「屋企人這樣做，我們看得幾多？！」

「其實他食咗幾多年煙？之前食幾多㗎？」

「他食咗三十年，每日食成四十支。」

「吓？」

「咁煙癮起好難頂啫！而且他入醫院目的不是戒煙，是想止痛。」

「但是我們不可能讓他在醫院範圍食煙，落花園食都唔得！」

「醫生可否處方戒煙貼幫他頂煙癮？否則真係要諗計安排一次半次，畢竟連囚友在獄中，都可以放風去抽煙喎。」

「要同醫生、經理傾傾。」

「一日未解決，他都有機會躲起來抽煙，若然夜晚少人時躲在被竇裡抽，就更危險了！」

我信大哥會返來

放工途中，

同事為一個年青病人的情況苦惱。

我說：「你好想幫他？」

「是的！」

「點解特別想幫他？」

「睇到他好辛苦。」

「他是辛苦的，所以你對他的牽掛，掛心會較其他病友明顯？」

「是的。」

「除了因為他辛苦，他有令你記起什麼嗎？」

「唔……他的情況有些似當年我的大哥……」

我揚起雙眉：「哦？」

她說：「大哥和家人關係不好，當年很早就搬出去獨自生活，直到他重病才讓我們看他。我知道他所謂的朋友，在出事後，都沒有看過他。他情緒很差，一見到我們就大發脾氣……到最後他死了，我都無辦法幫到他。」

「你為他難過？遺憾？自責？定係……還有其他？」

「樣樣都有些。我當年仲說服媽媽簽DNACPR（拒絕心肺復甦術），唔想大哥辛苦。」

「理智上要撐住，減少大哥受不必要的苦，自己內心其實承受住不捨和傷痛，而這份不捨和傷痛我估你未必敢向家人、同事流露。」

「是的，當時實在唔撐唔得，不過到現在亦怕向她們提起。」

「若果可以回帶重來，有什麼你想做或者不

想做？」

「咁，亦都無。」

「你點睇大哥哥的一生？」

「我信因果，不過我同家人都好遷就他，好努力去錫他，可惜他好像一點都感受不到，真為他辛苦。」

「你信因果，這個苦果若然是時候他要受，我們其他人又是逆轉不來的。他幾時轉念，種子幾時發芽，自有時候。我們無論多努力，當未見成果，就只管做好該做的。前人種落，現在收成的，我們亦不用自誇，功勞不在於我。」

「咁又係，所以現在返工，可以做的，都很用心去做。而且我信大哥會返來。」

「那很好呀！作為家人又好，工作上作為同行者亦好，當病友有情緒，我們能夠守好自己身口意，不為自己種下惡因，減輕他們的惡業，功德迴向他們，祈願他們病障業障息消除，身心得安康。往生者，各隨所願，往生淨土或暇滿人身。」

「多謝你呀！」

「大哥哥有你這個細妹，真係好有福！」

最難服侍的家屬？

偶然會聽到：「你哋係醫護人員，不是家屬！點會明白家屬的心情！」

「是的，大家角色崗位不同，所看到的、看重的都會不一樣，但你想像過當家屬同樣是醫護人員？」

她是一位資深的護士。因為資深，家中各人的健康問題都是她跟進。

「當然啦，那是她的專業範疇嘛！」其他家人覺得這是理所當然，她自己亦覺得責無旁貸。

可是，她或許會比其他家人較容易明白各種治療和病情，但並不表示她會比其他人容易接受要面對自己至親的老病死。

「一齊同住，我都無發覺亞媽……」

「早前爸爸同我提過一兩次乜乜乜，若果當時我乜乜乜就唔會乜乜乜……」

「你本身係護士，你亞爸有這問題都唔發覺？」

坦白講，就算係醫生又點？他的父母、兄弟姊妹、伴侶、兒女就不會老？不會病？不會死？就算病了就一定可以醫好？

莫講話是家人，患病的是自己本人又如何？真是要老要病要死的話，誰也不能逃避。

事實上，很多是醫護人員背景的家屬所背付的往往更重。

面對自己：「身為一個××，我點解無留意到呢？」

面對家人的責問：「你係××，點解你無留意到呢？」

「你話現在點先可以救返亞爸／亞媽？」

面對照顧著自己至親的醫護人員：「噢！你本身都是內行人，不用講，你都明啦！」

「現在仍然返工嗎？」

「有！回到自己的工作崗位，又是另一個戰場。」

「你覺得孤單嗎？」

「OK啦！」她瞄一瞄身後不遠處的丈夫。

「有什麼你想我們做，或者不做，可以支援到你的呢？」

「唔……我想你們不當我是醫護人員，當我是一般家屬，照講病情，照提我有什麼可以幫到亞爸。」她停頓了，但仍保持堅定倔強的眼神。

我繼續說：「有什麼病情轉變，照向你和你的家人一起講解。」

她點頭。

「好！莫講話你不是做開這一科，很多臨床的處理不大熟悉。就算是做開的本科，當自己家人有事，要能兼顧到作為家人的本份，還要返工。在工作的崗位不出錯，實在非常不簡單。我們好好的彼此提醒，好好的互相支援吧！」我向她微笑。

有些同事會覺得有醫護背景的家屬特別難「服侍」。將心比己，關係又會否容易一些呢？

面黑的同事

甲同事說：「大家共事幾年，每逢與某某拍檔，總是激到嘔血。」

乙同事說：「係啦！日日見面都是口黑面黑！」

同事在某人背後，異口同聲地議論。

「老細極其量，只能現在這樣安排。」丙同事說。

我好奇：「現在老細處理的方法，你們接受嗎？」

甲回應：「那……都可以的。」

「你初來拍住某某時，他是怎樣的？」我續問。

「當時他很隨和，熱心助人，風趣幽默，做事爽快俐落，人很不錯！這幾年變晒，你無發覺到？」乙反問。

「唔……你還留意到甚麼？」

丙說：「好似成村人得罪了他！」

「為何有這感覺呢？」

甲說：「他成日扁嘴，眼唔望人，一有機會就坐在房門外，呆望房內的電視，一身藥油味，對返工鞋爛了都唔換，肉肉酸酸。」

我再問：「他身體不適嗎？」

乙說：「他話有喎！講到全身都有病，話睇極員工診所都差不多，仲話現時食的藥不宜長期食，會好傷身，致癌㗎！」

「你信唔信他所講的，全身都有病，食藥的副作用那麼大呢？」

「我們個個都做到手腳腰痛架啦！放假咪返大陸被人按摩吓囉！」

「按完、又完電又可以做過？」

「係咁㗎啦！」

「以他現在身體的情況，得唔得呢？」

「……我哋又唔係醫生。」

「健康不是必然，而且他睇的是職員診所。若然你相信老細，老細自有安排和處理。當伙拍多年的同事由充滿活力，每日開開心心地返回崗位，變到時刻帶著不適、疼痛、疲倦的身體，靠住藥物，咬緊牙關準時返工，好與不好都完成份內工作，大家作為多年同事，也會佩服他默默堅持？」

退休即重病

「安安，我下個禮拜走啦。」

「體驗交流完，要回歸返××病房啦，你有什麼體驗可以和我分享呀？」

「很佩服你吔！自問真係做唔到這一科！」

「有這樣的事嗎？見到你工作時手腳俐落，時常面帶笑容。點解咁講？」

「當值的時候當然要盡力啦，早排喺病房見到『陳打』我真係頂唔順……就是之前在另一個部門，退休不久的那位陳經理。」

「哦，你指Ms Chan？Sister Chan，『陳打』。雖然她在另一個部門工作，但在她退休前大家都曾經合作。」

「就是嘛！她很精明，工作能力爽快，才退休不久就發病，頭尾亦不過是一年多，就發展到晚期。我當天接更時聽到她入住了這裡還有懷疑——心想不會是她吧？！直到我走到她身邊，看見她腫脹的身軀和面容，頭上只剩半吋長頭髮……我看了很久，才能依稀認出她的輪廓。可是她第一眼看見我，就能馬上叫出我的名字。她的聲線很弱，亦叫得很費勁。雖然我並不算與她深交，但是當時我的腦袋一片空白。我與她的丈夫子女交談，他們講起退休前的陳打，工作壓力很大，相信她的身體是這樣捱病的。你明唔明呀？」

「你難過的是……？」

「好端端的一個人，辛辛苦苦的打拼了幾十年！一生建立的家庭、供樓、供子女讀書、培育他們，和自己的伴侶咬緊牙關捱到退休，一退，就跨倒了！所有努力，所有事情都好像沒有意義……」

「多好的伴侶、子女關係，最終都要分離。幾辛苦供完間屋、供完子女讀書，到頭來，不是你的，不由得你捨不捨得，亦是要放手。」

「不單止金錢、居住的樓，就算伴侶、仔女甚至最後連自己的身體、思維腦筋亦然。」

「借來的空間，借來的時間。有人話唯有所作的善、惡會記錄在自己身上。時候到了，一切會返回到自己承受。」

「所認識的『陳打』算是好人一個，唔明點解她要受這苦？死後的事情太遙遠，因果我亦不認識。」

「不論我們感覺如何，畢竟我們每一個都一定要面對。如果自己能活到一百歲，還有幾多年？那是多？是少？眼見世界頻繁的天災、疫病、戰爭，以至交通意外。我們究竟想把自己的生命投放在哪裡呢？什麼是真實恆常、隨身不變？」

小滿。

麥類等農作物籽粒飽滿，
尚未成熟，即將收穫。

病人爆粗口

「好拍檔，快放工了，接著有什麼節目？」

「唉！今天來了個『農夫』，心情都被他破壞了！」

「發生什麼事？」

「那新來的大叔無緣無故很兇地對我說髒話……氣死我了！」

走近一看，大叔午睡中，但很快就聽到：「調理農務（廣東粗口諧音）！……調理農務！」

「大叔！有什麼事嗎？」

大叔語氣很重地說：「調理農務！」手指地上的枕頭。撿回整理好後，大叔便安靜了。

晚飯時間一般較多家屬探訪，但大叔這數天都沒有家人來。

「調理農務！……調理農務！」他又大叫，同一病房其他女訪客面露難色。有位打扮光鮮、薄施脂粉的太太望望大叔，忍不住步出病房。

「大叔！有什麼事嗎？」我問，他邊說：「調理農務！」邊手握小匙，努力嘗試自行進食放在桌上的糊餐，可是很明顯有些困難。

「大叔！我餵你好嗎？」大叔大口大口地吃……他突然開口輕聲的說：「夠了！」我佻皮地說：「大叔！你吃飽啦！講唔該呀！」他輕聲柔柔答：「唔該！」

我們其實無法阻止大叔不分晝夜突然破口問候眾人娘親，但開始掌握聽到「調理農務」、看到「蘭花系」，就表示大叔很憤怒，遇上困難。他所講過的詞語其實很少，表達情緒的來來去去就是那兩句，換句話説，這就是他最直接表達內心情緒的説法。

我們鼓勵那些很內斂的病人，了解自己內心情緒，表達出來——而這正正就是這位大叔個人最直接無修飾的表達。他説的不外乎是一些基本所需：要如廁、校高校低張床、飲水，複雜一點的加上手指示意。其實很好猜，猜中他滿足了，就安靜。

「好拍檔，大叔今日又對你説很兇的髒話了，你有被他影響嗎？」

「沒有了！」

「呵，厲害呀！變得百毒不侵喎！」

「啤，他嬲的不是我！」

「他不是對著你説髒話嗎？」

「他嬲的是力不從心！他嬲自己！又或者他嬲個病……或者嬲無人探他……總之，我無做什麼令他嬲我。」

當他的「調理農務」由聲如洪鐘變為氣若游絲，究竟會為此不高興，還是高興他仍能無緣無故很兇地宣洩一句呢？

他口中帶刺的髒話，你不接，説話仍然屬於他，可是你讓自己心生不悅，那不悅就會留給自己。

難頂的脾氣

上班接更前有小小空檔，在病房快快行一圈看看。第一次見到她，頭髮很短很稀薄，只見雙眼的紋眉和紋眼線。

她在床上半坐臥，用前臂撐著頭，我還在隔鄰床位，她雙眼定睛望著我。

我眨眨眼，走到她床邊微笑。沒想到她很重語氣說：「你又想點呀！」

我舉起左手，點點頭，帶笑慢慢走到她面前說：「沒什麼，純粹行過，見你望著我，便和你打招呼，放心。我要去接更，不打擾你。」

她無答話，望著我行開去其他病床。

過了一會兒，她按鐘求助，我去到她面前，微笑望著她。她仍以剛才的姿勢說：「同我瞓高啲。」

「可以呀！」我找到她身邊的遙控器，調高床頭位置。

她高聲說：「低啲呀！」

「噢！太高了嗎？可以呀！」一邊調低些，又聽到她說：「高啲呀！」

「好呀！」我把遙控器有圖案的一面轉向給她看：「這個遙控器是讓你隨時隨意調校床的高低的，你可以自己試試！」

「我唔可以叫你調校嗎？」

「當然可以啦，只是我很難掌握哪個高度最適合你、令你覺得舒適，只有你自己才知、才能找到。」

「停！」

我停了按掣：「噢！這個位對了？」

她無回答，仍直望著我。

「好，我走啦！」

放工和同事一起回家。「某某的脾氣真是好難頂。」同事說起這位病友，我回答：「我們很多病友個病都影響到個腦，不論是原發、轉移又或者是認知障礙的，當病侵擾到大腦主司情緒性格的部份，就會令他們性情大變。他們可能無法察覺，亦根本控制不了。」

「咁真係嬲佢都無謂啦！」同事不禁說。

幾天後，同事發現：「某某的妹妹說，某某未病前都是這樣難相處的，而且醫生話她腦轉移的範圍，並不會影響性格情緒。」

「咁……你嬲唔嬲？」

「梗係嬲啦！」

「職責所在，你一日仍以此為你的工作，她一日是你的病人，你都要面對這類病人。」

「我知，份糧包咗嘛！不過打工啫，她實在無理喎！」

「無論是否由病引致，她都已是受情緒主導的人。生命去到晚期，有些人死性不改，也有些人會轉死性。臨終時開不開心、是否覺得成世都不公平、是否滿心恐懼、憤怒，甚至仇視著身邊所有人——這些都是自己去受。要清楚知道，這不是我們這些在這刻才萍水相逢的人弄成的。」

「就是嘛，所以無端端受氣，唔抵！」

「若某某過去幾十年都是這樣，要她改這習慣也難。」

「我明，但係我真係嬲……」

「當然啦！一個全身著了火，燒了幾十年的人衝過來，難道期望要我們把她的火撲熄嗎？倒不如先保護好自己不被燒傷吧！同樣地，某某在發火，若是因病不能自控的話，你就不會嬲嗎？」

「不會。」

「若是長年性格習慣使然，你就覺得她應可以自覺、自控？」

「或者自覺但不能自控。」

「長年受自己的情緒主導，對自己的言行不能自主，那和病了有什麼分別？」

刺蝟出現請注意

「陳太你好呀！夠鐘吊抗生素啦！」一邊處理針藥，一邊觀察陳太的狀況。

「好就唔使住醫院！次次瞓著就來做這做那，唔慌唔好囉！」

我心想：陳太的「刺蝟」要出動了！輕輕說：「在醫院真係好難有得休息，你辛苦啦，一陣吊完針藥我會再來處理，有問題或者不適可以按鐘找我。」

「你咁就走啦？」

「有什麼可以幫到你？」

「幫我轉身，我想飲水，要暖的。」

「可以呀，你想轉身先定飲水先？」

「梗係飲水先！」

「可以呀。」正準備打開陳太桌上的保暖杯。

「倒去換過啲新鮮的熱的。」

「OK。」

我說：「飲完水，轉身啦。轉向背向我OK？我放三角枕在你背後。」

「放低點！」

一邊把三角枕向下移：「夠嗎？」

「放低點！」

繼續向下移：「夠嗎？」

「放低點！」陳太一邊講一邊用手肘撞我手。

「你用手肘撞我，我會痛和瘀㗎。」

「Sorry！Sorry！」

繼續向下移：「這位置夠低嗎？」

「算啦！點都係唔舒服㗎啦！」

「反正轉緊身，點都找個可以舒服一陣的位

置啦。」

「OK啦！」

「真係要個OK可以舒服一陣的位置㗎？！」

「而家想由床落黎坐下，動不動都要兩個人。轉個身都要別人幫，好討厭！」

「原本行動自如，一下子話病就病，連落床坐、轉吓身咁基本嘅事情都要人幫，都真係會好忟憎自己，滿眼怒火。」

漸漸地，陳太由不滿其他人，轉向道出對自己身體活動機能下降的厭惡。

同事呻：「唉！陳太好躁，好難頂。」

「也真是的，她是一個給自己反省初心的鏡。」

「初心？放棄啦！」

「忍耐到了極限，照顧時保持距離，說話時維持表面關係，冷眼旁觀，無落井下石，手腳保持輕柔，無從中重加一腳，借意發洩，亦算是好人！」

「是呀！要做自己心目中善良體貼的護士，在現在的大環境下，太難了！」

「初心不是所向無敵。要時刻覺察，即使氣餒了，要半途而廢了，亦要有推動力，才能再次投入。當初是什麼吸引力推動你向自己許下初心？」

「見過一些人，他們的一舉一動，費盡心思去服務別人，真的很吸引，而且讓人心情愉悅。」

「是那份自己內心的愉悅，令人即使放棄了，亦再次投入。你的觀察力很強！」

初心封塵

對於由其他部門來交流的同事，很難想像紓緩治療科病房的工作有多匆忙或吃力。

一個個需要照顧的病人，大半在電腦填寫的出院理由，都是「死亡」這選項。有的照顧了一兩週，彼此才剛開始建立連繫。他們在這最後的階段，不僅是親友感到衝擊，對於醫院的新來者，也特別明顯和強烈。

每個人都戴上口罩，趕著完成手上種種工作目標，彼此擦身而過，要鑑貌辨識並不容易。每日彷彿都是「流水運作」：新入院三個、「出院」三個，總人數和昨天一樣，似乎只是「白做」。

在這情況下，很多時只能留意面前的病人，忽略了身邊的戰友。而面對明知改不了的現況，戰友們也普遍很少談及自己的看法或感受：

「得閒死唔得閒病。」

「今天抽到時間食足一小時仲想點呀？」

「呀 sister 又係 OT，無食飯！」

當不同同事都說：

「去食個快飯先！我很快返！」

「情願食快些，早些完成工作，不想再 OT。」

此刻你會心諗：

「仲講什麼感受？吐什麼苦水！」

這些日積月累的煩惱，慢慢讓初心封塵。熱情涼了、冷卻了、冰封了、死心了……連自己亦慢慢討厭自己的工作，覺得煩厭。

討厭日復日無休止的灰。

討厭自己在不知不覺間變成以前自己所鄙

視的人。

死亡的衝擊，一樣會影響醫護人員，尤其對於新加入紓緩治療科病房的同事。

同事來了四星期，她的說話比初來報到時少了，口罩上露出的眼神亦淡了。

「同事，你的面色有些沉重，你OK嗎？」

「……唔……都OK啦。」

「OK就好了。這科做落，別有體會㗎！」

「見到××都真是有些心噏……」

「心噏什麼呢？」

「明明知道××唔開心，有好多心結。但是幾時CP（臨床心理學家）或者MSW（醫務社工）去床邊想見他，不是睡了，就是不發一言。我從他口中知道他有宗教信仰，提議轉介院牧，卻又被他拒絕——他就是那樣堅決，都不知道還有什麼可以幫他。」

「你可以和他搭上幾句？」

「尚算是吧！可惜我功力不足，未能解開他的心結。但他似乎只肯和我多講兩句，難道我要再進修多些輔導、心理學、神學這些去直接幫這類病人？遠水不能救近火！」

「栽種有時，收割有時。在這段時間，你能成為他有一句沒一句的傾訴對象，他找到可以令他心安的對象，你本身已經對他發揮到紓緩的效果。」

當病房每日彷彿都是「流水運作」，新入院三個、「出院」三個，總人數和昨天一樣，似乎只是「白做」；可是一轉念：今天又可以幫多六個病人、六個家庭，減輕他們的痛苦。

有時吃飯也來不及，有時終於可以享用足一小時的吃飯時間，但每次都會想：有農夫幫我栽種，有人幫忙運輸，有人去煮，這刻坐下來便可以吃口熱飯，接受這份照顧，感恩。

能夠和在吃力的環境中默默承擔的團隊工作，很想向每一位表達感激和欣賞！

拒絕令事情變得更壞

這城市的節奏出了名急速。不論對事、對人；對大人、對小朋友；對健康的、對有病的。

當甲說：「×××又開始亂叫啦，煩死人！」——當下亂和煩惱中的人有幾個？

乙說：「×××真是好煩。」

丙說：「×××家人好緊張，每樣嘢都會問得好仔細，好似要捉人錯處咁，總之大家小心，費事又被人投訴。」

丁說：「×××都已經好差啦！到現在都仲未接受。」

戊說：「×××家人仲問緊點解唔可以物物，咁唔接受就不應該來紓緩科啦！……」

煩躁混亂之時，難免想吐苦水。

然而觀察自己吐苦水的一刻，究竟對身處的這狀況有無改善？煩亂情緒有無緩解一點？原本想用吐苦水紓緩，結果會否令狀況更惡劣？

不論這類說話是衝口而出，或者心中浮現，是時候要停一停，照顧一下自己。

世界好公平，新人老鬼都會頹。仔細觀察自己，在還未算最壞的外圍氣氛下，如何自處？可以怎樣不同地面對？怎樣的回應可以減輕惡化趨勢？

面前病人、家屬、同事煩躁，是因為有些需要未滿足？

「×××又開始亂叫啦，煩死人！」

「他有無什麼不舒服？」

「看過他了，不是痛、不是喘、不是餓、不

是渴、不是尿濕、不是排不出、不是發燒、不是凍……什麼都不是，又沒有什麼不適。」

「如果有時間可以在旁邊陪他，讀書給他聽，傾吓偈，看看繪本，看看舊相片，舊影帶，唱吓昔日他喜愛的歌就好了。」

「發緊夢咩！」

「時間尚早，未係時候食安眠藥睡覺。試試打視像電話給他們的家人群組，交代一下今天的情況，順道請他的家人哄哄他，讓他聽到見到熟悉的聲音面孔——如何？」

有些事情很快可以改變，有些事情卻永遠急不來。

看清方向，明白情況不會一日內變好，唯有避免、甚至拒絕令事情變得更壞，柔軟地保護自己的初心。

越多人跳出不停吐苦水的習慣，不去吝嗇說出對別人所付出的欣賞和感激。眼前會發現新的風景。

面對工作感到低沉無望，除了實質上的求助，我會觀想德蘭修女。

觀想她在印度仁愛之家的工作。

「安安，你能夠身在這個平台，讓在臨終前身處各種苦痛中、需要休息照顧的人，自然送到我面前來。令我可以減輕工作。」

聖賢大德，怎樣走過來？

我，又可以怎樣走過？

大休息

有時，疲倦到了一個點，可是反而不能入睡，個腦停不了下來。疲倦的身體翌日早上撐住應付，到了晚上，更疲倦的身體和腦袋，迎接著漫長的夜晚。

今天試試「大休息」：

躺平臥著，
雙腳微微自然分開，
雙手左右在旁向外垂下。
觀察呼吸。

吸氣時，知道自己在吸氣。
呼氣時，知道自己在呼氣。
毋須作出調節，觀察便可。
每次的呼吸都可能自然在變，觀察便可。
隨著呼吸，觀察頭的感覺。

頭頂、前額、兩側、枕部、眉心、眉位、雙眼、面頰、鼻子、口部、嘴唇、牙關、舌頭、下顎……

像在做身體掃描一樣，一層一層由頭到腳從上而下，由外連內去觀察每個部份。

隨著呼吸，觀察頸項、雙肩、上手臂、手肘、下手臂、手腕、手掌、手背、手心、手指……同時發現不知何時開始，頭、頸、身軀慢慢下沉在床裡。

隨著呼吸，觀察胸部、上背、肩胛、上腹、下腹、下背、臀部……不知何時開始，不定的部份會有脹大鬆開的感覺。

隨著呼吸，觀察兩條大腿，前面、後面和兩側；兩個膝蓋的前面、後面和兩側；兩條小腿，前面、後面和兩側；腳跟、腳踝、腳面、腳底和腳趾。

過程毋須深究是否能由頭頂掃描到腳趾，有時醒來回想，可能只做到上肢或者軀幹就已入睡了。

希望勞累的你，可以自我調息。

祝一夜安眠。

芒種。

有芒的麥子快收，
有芒的稻子可種了，
天氣也進入黃梅季節，
連綿陰雨。

最終留低什麼？

她，獨身，長女。

從小就是老人精、新抱仔、照顧者，直到自己病了，親人各有各忙，只有舊同事朋友偶然到。她有點茫然。

每次到了探病時間，尤其是假期，鄰床病友好些男女老幼來探，熱熱鬧鬧、嘻嘻哈哈，滿枱點心美食、滿床各式玩意和打氣用物。然而這一邊，只能靜靜地臥著，由醫護人員負責日常的關顧，有時基本用品如尿褊紙巾用完了，就要用離院病人留下的物資補給。

難得有探訪者，她總是笑咪咪；探訪者離去靜下來時，卻若有所思。

經過一個多星期住院調校藥物，她身體的不適徵狀大至已受控制，隨之而來每天二十四小時，就看住院房裡的老、病、死，人生百態、人間冷暖。

每一天一聲：「早晨！」一聲「收工啦！」，漸漸地建立起關係，有一天我覺得可以開口說話，就在做一些護理工作時問：「病房的環境習慣嗎？」

「其實都無什麼慣不慣，人人都要行這條路。」她答。

「你的年紀不算太大，近日見到這麼多生生死死，會想到什麼嗎？」

「看見別人有兒有女，當然亦有乖有不孝順，但自己獨身，死後好像什麼都沒有了。幾十年的人生就是這樣？」

「幾十年當中經歷的甜酸苦辣，很多時都很不容易。」

「但到了現在，好像所有東西都變得無價值，別人亦會忘記你。」

「當別人漸漸忘記你時，你的心情是……？」

她望向別處：「無呀！別人會忘記自己，自己亦會忘記別人。」又再看著我：「只是幾十年的人生，話離開就離開，無嘢留低？」

「你有想留低什麼嗎？」

「無。亦唔知有什麼值得留低！」她笑了一下。

「唔！……在你幾十年的經歷中有無一些人、一些事你有深刻印象㗎？」

「我忘記自己做了什麼事令媽媽大發脾氣，很狠地打我，同屋住的肥師奶緊緊抱住我，隔開媽媽，勸她停手。這樣的事不止一次，我估她亦或多或少有被我媽媽錯手打到。」

我想像當時的情景，點點頭：「她當時救了你。還有其他例子嗎？」

「都有的。」

「好。你估肥師奶和其他曾經做過或者講過一些對你有深刻印象和影響的人，還記得這些事件嗎？」

「對他們來說都只是件小事，應該不會記得了！」

「可能是，但你所做過的一些『小事』，一樣會在不知不覺間做就了你周邊的人。」

她搶著說：「情況亦會繼續引伸開去。」

我望著她問：「在剩下的日子，你想留低什麼？」

「現在在醫院，病到五顏六色了，仲可以留低什麼？」

「一個笑話，一段歌聲，一個笑容……一份愛、一份祝福……有什麼可以代表你呢？」

年輕媽媽的醒悟

亞儀是三十多歲的母親，小女兒正讀高小。她這次入院，要調校藥物，處理身體徵狀——究竟在這兩年間，她經歷了什麼？

她作為年輕媽媽，有什麼轉變？

作為年輕的妻子，經歷了怎樣的衝擊？

作為年輕的女兒，變化是什麼？

作為年輕的職人、年輕的病人，體驗會如何？

此時此刻最記掛在意的，又是什麼？

「早晨亞儀！」我向亞儀微笑點頭。

「早晨！」亞儀沒什麼表情，眼睛打開四分三，望著我卻沒有神。

「昨晚睡得好嗎？」

「一般啦！」

「哦？是有什麼令你睡不好呢？」

「好似一場夢。」

「點解咁講？」

「好像不久之前，還在著緊女兒那一科成績不太好，要否替她報補習班、暑期班，待人接物性格要怎樣培育，一轉眼……她的將來如何，我連望都無機會望。」

我一面聽，一面點頭。

亞儀停一停，繼續說：「與其這樣緊張去培育她的學業品格，點解唔好好陪伴她去經歷過去十多年的童年時光？」

「唔！聽起來，若果生命可以回帶重來一次的話，你情願多陪伴女兒去經歷這十多年的童年，多過去為她規劃什麼！」

「係！不過亦有矛盾……」

「矛盾在……？」

「矛盾在我好像把女兒的學業、品格看得比她的童年是否開心重要。」

「這場突如其來的疾病令你在作為一個母親，在養育女兒事上啟發了……什麼？」

「仍可陪伴的時候，沒什麼比陪伴重要。什麼規劃、培育，什麼補習班、興趣班都不要放錯重點。」

「你現在覺得，在規劃安排學習的同時，守護陪伴女兒有愉快的童年來得更重要？」

「係！女兒自小是深深感受我和爸爸對她的愛錫，而萬一……」亞儀輕嘆了一口氣：「萬一……女兒將來要經歷什麼，我相信她都會有能力去面對。我知道我娘家那邊又好，夫家那邊又好，他們都會幫我先生和女兒。」

「今後的日子，你清楚要怎樣和女兒相處吧。」

「亡羊補牢，希望不會太遲。」亞儀這刻的雙眼張得比之前大了些，她望望我。

我說：「就由現在開始，永遠不會太遲！」

每位病人病倒以後所要面對的是何其的多！

每位病人的背後都有家庭，整個醫護團隊要怎照顧？我們的目光只是生命倒數的病者？還是尚有幾十年的家屬？

也許，得分工個別去聽他們所關心的，發掘他們所擁有的力量。

欣賞子女的付出

「不知前世做錯了什麼？現在要累人累物！」

她似乎有很大的怨氣，究竟不滿或者迷惑什麼呢？於是問：「點解咁講？」

「現在我這個病是絕症喎！我成世人對得住天地良心。若不是前世做錯了什麼事，現在又怎會得到這下場。」

「所以你相信因果？」

「都不由我不信啦。」

「面對住現在的感受到的、無法避免的苦果，你點睇呢？」

「唉，如是因，如是果。現在自己一把年紀，得了這個病，要受這些苦，自己唯有甘心去受。只是現在令到兒女日夜為我奔走掛心，好不忍心！」

「你心痛，看到因為自己的緣故，影響了他們的生活。」

「他們原本有自己的生活、前途，有自己的工作和家庭要兼顧……他們這麼孝順，我實在過意不去。」

「你相信因果。你覺得兒女們為著孝順你的緣故所作的犧牲，對他們來說，是在為自己種下善因還是惡因？到時機成熟時，他們會感得的是善果，還是惡果呢？」

「話雖如此，要他們作這麼多的犧牲，我實在很難過。」

「你信因果。你又怎知道你在過去生生世世中對他們種下了什麼的善因，現在才能感得他們對你如此孝順的善果？你能夠記得前日三餐吃過了什麼，我都要向你寫個服字了，你現在講緊前世，仲要分分鐘不知是幾多個前世喎！」

她笑了。

「你信因果。我們成世人無時無刻都在種因。你提供了機會給兒女種因。當你放眼看看其他為人兒女的，在相似的情況下，他們自己會種什麼的因？將來要感什麼的果？所有都是自己的一場造化。」

她點頭，眼神卻帶點迷惑：「咁……我現在……」

我望著她：「好好由心珍惜兒女們的付出，欣賞讚賞他們，向他們報以微笑，讓他們即使辛苦，亦能內心歡喜地做他們能力所及的照顧，好好成就他們，讓他們為他們各自種下善因。你亦功德無量呀！」

她回以微笑點頭。

不想一個人

她最多五十歲出頭，如日方中，癌病突至，發現已是晚期。病發至今，由原本四肢運動自如，到現在頸以下只剩指頭可按鐘叫人，然而思路清晰，語言表達流暢。

家人長期守護在旁，有什麼需要，總是關懷備至，馬上代勞，看來一切尚好。但當家人離去，她便會渾身不適。那種不自在，難以形容，總是叫她無法安寧，不停按鐘。

「有什麼需要嗎？」

「幫我調校高少少。」

五分後再按鐘。

「有什麼需要嗎？」

「幫我調校低少少。」

如是者……藥物可稍為令她安靜，小睡片刻。但她說不想每次都用藥令自己逃離那不安。她想找其他出路。

今天下午，她獨自躺在病床上，合上雙眼，眼皮在動。我靜靜走近坐在她身旁，手很輕很輕地按在她身上。她過了一些時間，慢慢打開眼睛，開始眼神交流。

我問：「可有發現每天什麼時間最不適嗎？」

她雙眼向下望向她的腳說：「多數下午。」

「不適時有沒有什麼共通點嗎？」

她眨一眨眼，深吸一口氣再深呼一口氣說：「都是得自己一個人……」

「自己一個人時，很難面對吧！」

她再眨眨眼，再望向她的左上方，很快速

的顫動，像看著一幅幅的畫面説：「……過去不論在學業上、戀愛情路上、婚姻之中、生育教養、職場打併，就算遇到困難，總是過完一關又一關。但今次……完全不受掌控。」

「你講出了重點！」

彼此靜默了片刻後，我繼續説：「過去的生命章節寫得很精彩，同時亦已告一段落。現在完全是踏入另一章。」她望望我：「唔知有幾多時間呢？」我望著她，靜默了幾秒，再眨眨眼説：「唔……你想在這新一章寫下什麼呢？」

她沒説話，若有所思。

在重新改動了家具擺設和裝修間格後，她回家試住了幾天。

「回家的經驗好嗎？」我問。

她答：「多謝你！同住女婿過去其實一直都對女兒和對我很好，可惜我一直都沒有發現，動不動就大發雷霆，像在公司裡一樣。就算發病後，他落手幫我做個人護理，包括換褊，我亦只覺平常。今次回家，看到屋企為我所作的改動，再看到他對女兒、對我的照顧——我終於看到他的好。我反省了，直接向他道歉，亦道謝了。現在我和女兒、女婿的關係都很好。大家一齊時氣氛都不同了。女兒不再夾在我和女婿之間。女婿在職場上遇到的困難都可以和我交流。而我亦可以與他分享我幾十年的經驗心得。這是以前無法想像的。」

「之前單獨時的不適感放緩了嗎？」

「不再覺得了！」

「日子過得有意義嗎？」

「有！」

「恭喜你！」

一生轉眼就過

今天新收入院的温伯，患有末期癌症。交更時交代他入院的主訴是腹痛，胃口差，氣喘，雙腳水腫，並有在家照顧困難的問題。

走近床邊見温伯合上雙眼，板著面孔。

「温伯，剛剛有四個新症入院，你現在是否很痛？我要不要同醫生講一聲先？」

温伯繼續合上雙眼，別過了臉在搖頭。

「你可以伸條脷給我看看嗎？」

他稍微把面轉向我，我把他的口罩揭開。黑色乾涸的舌頭滿是裂痕。

我説：「你口好乾呀！我點一兩滴水，等你濕吓個口，口太乾感覺會連説話都好似講唔到咁喋。」

温伯點頭。

「如果最痛是四分，零分完全唔痛，你現在會俾幾多分？」

温伯微弱的聲音加上戴著口罩，我要把耳朵靠近他嘴邊才能聽到他説：「三分。」

「你用手指給我看你哪個位置痛。」

他在上腹畫了一圈。

「若果止痛藥有口服和打針，你想要哪一種？」我同時也觀察他四肢的水腫和皮膚狀態。

「兩種都要。」

「你吞到藥嗎？」

「吞唔到。」

「收到，我馬上去看看有什麼止痛藥可以給你先。你忍耐多一陣！」

很快，替温伯注射止痛藥時問：「除了痛到

口服和打針的止痛藥通通都要、口乾到好難講嘢吞嘢、腳腫之外，還有其他唔舒服嗎？」

搖頭：「無。」

「我見到你有尿喉，便便去到嗎？」

搖頭：「無。」

「除了希望我們可以減輕痛、口乾、吃不到嘢、腳腫、無便便之外，仲有些什麼我們可以幫得上忙呢？」

「唔怕同你講，除咗想唔痛，我仲想你俾啲藥我，令我可以快啲走，越快越好。」

「若果唔痛的話，你估你仲可以忍耐多幾耐，等自己可以順其自然咁走？」

「最多可以一兩天。」

「聽來真係已經辛苦到極點了。」

温伯點頭。

「回望這一生，你對自己有什麼評價？」

「迷惘。」

「迷惘？」

「空白一生。」

「好似轉眼白白咁就過了。」

「係。」

「咁有無什麼遺憾？」

「將來唔知點面對李××」

「她是誰？」

「我媽媽。」

「她健在嗎？」以前我會覺得這是個蠢問題。不過，一切事情都可以超乎自己想像，而且可以打開對方的話匣子，畢竟我在温伯眼中是一個陌生人。他從未告訴我他的故事。

「已經過身了。」

「當時的情況是怎樣？」

「那時四、五個月早晚一直照顧陪伴，後悔點解唔對她好些。」

「雖然你已經有四、五個月早晚一直在旁邊照顧，而家回想起來仍會後悔，覺得未照顧得最好。」

他點頭：「尤其是她健康時。」

「你本身有無宗教信仰？」

「自幼媽媽帶我信觀音。」

「你信這一生死後會有輪迴？」

「信。」

「若果過去幾十年的日子是空白地流走了，所做的業不知善的多還是惡的多。在餘下剩餘好少的日子，要好好捉緊去為你的下一生做準備了。否則你唔知道下世會係去畜生道、餓鬼道、定還是可以做返人、上天道嚕。」

「我無諗過。」

「以現在僅餘嘅能力，係咪仲可以做些什麼，然後功德迴向給你母親大人呢？」

「我真係無諗過。」

「你想唔想我聯絡法師，向他請教一下？」

温伯靜了。

「你考慮一下先。法師是我們的工作人員之一。服務是不用收費的，像見社工姑娘、物理治療師般。你可以等痛過後回過了氣，才和他通電話。」

「好，等痛過了回氣先。」

「好，你先休息。我一陣留電話號碼在你枱面，你幾時想我幫手打，你再告訴我們。」

……

「喂！××法師，我是安安。有位新院友想轉介給你……」

……

趕忙完一更手頭上的工作。同事説聽到温伯之前在同法師傾電話。

正準備紀錄交更之際。護士站的電話響起：「喂……找安姑娘。」

「喂，我係安安。」

「喂，安安，我是××法師。」

「法師你好！」

「剛剛同温伯通了電話……」

我望望牆上的圓鐘，心想：「已經九點幾，

新收交更都仲未寫完，電腦亦未入。今晚又要遲放工，走了班車，唔知今晚幾點才返到屋企……我無辦法亦唔想聽法師講啦……」

待她講到稍為停頓，我坦白說：「多謝法師！我要趕快寫交更，交給夜更同事。今晚先說到這裡。」

回家路上我問自己，面對著自己生命的流逝，在法師、同事、家人、朋友、鄰居、寵物、以至路上遇見的紙皮婆婆面前，我又在忙什麼？

夏至。

陽光直射北回歸線，
白天最長，
炎熱季節萬物生長最旺盛。

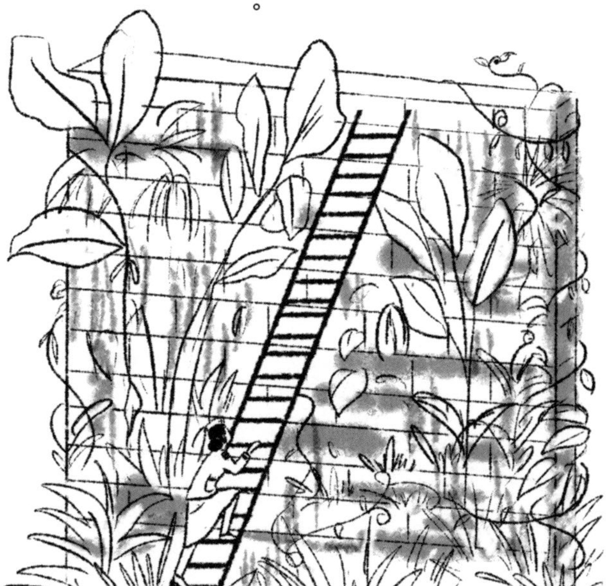

只能互相對望

她顴骨外露，眼眶下陷，不時檢視自己瘦削的手臂；相反她的雙腿和腰肢卻異常肥腫，即使用兩隻手執著褲管，亦無法提起來。

她斷斷續續透露心事：「生無可戀，嚟緊的日子點算？」

回想她剛入院的日子，時常面容扭曲，眼有淚光地投訴上腹疼痛難耐。主動要求注射止痛針、安眠「長瞓針」。

一段日子調校止痛藥後，她面容由繃緊轉為木訥，但同時亦一天比一天地瘦削、無力。

每天越接近女兒來探訪的時間，她原本無神的雙眼就會慢慢慢慢越瞪越大，出力地望著通道盡頭，盼著女兒身影出現。

「姑娘你幫我看看女兒有否打電話給我？她仲未來。」

一邊找一邊說：「我找不到你的電話，不過她說過來就一定會來的。」

她終於望到女兒來了，她的眼神放柔了。女兒較平常的探訪時間遲了十五分鐘。

我正替她們圍簾增加私隱，她邊望向女兒邊望著我。我於是說：「女兒嚟啦！你的女兒來啦！」

她點點頭。

「你們慢慢傾。」

從圍簾的縫隙，隱約看見女兒為母親按摩雙腿，她則合上雙眼休息。探病時間完結的時候，我輕輕溫馨提示：「探期已經差不多夠鐘啦。」

然而再過十五分鐘，女兒仍在母親身邊。

我輕聲向女兒說：「探病時間夠鐘啦。」此刻原本睡著的她突然驚醒。她瞪大雙眼定定望向我說：「俾多十五分鐘我啦……」

「我知你心意，但很抱歉，你望望鐘，我已經在你提出之前，給多十五分鐘了。」接著行開忙派藥的工作。

女兒整理了一下母親的衣服，慢慢離開。她看著女兒走出她的視線範圍就馬上按鐘說：「姑娘你幫我打『長瞓針』。」

明知她心結重重，需要詳談，眼見她空洞的眼神在找救生圈，但當下客觀條件卻沒有這樣的空間。

「囡囡在身旁時還好好的，她一離開就不舒服了？」

她點點頭。

「現在晚上八點，若現在打針睡覺，未到半夜十二點就會醒。我還未下班，會一邊派藥，一邊繼續看著你的。」

她瞪大雙眼，我行到哪裡都望著我。我一邊派藥，在病床間穿梭的同時，不時望向她。

不一會，她又按鐘投訴腹痛，要求打「長瞓針」。我蹲低身問：「你哪個位置痛？指給我看看。」她手指上腹，眼望著我。

我手輕撫她所指的痛處：「是這裡嗎？」

她點頭。

我繼續輕摸著說：「這樣好些嗎？」

她點頭。

我說：「好，那我知道了，就算我去了派藥，我仍是不斷看著你，留意著你的。你看到我望著你，個心無走過的，係咪？」

她點頭。

「你要看著我呀，我派住藥給其他人都會一直留意住你的！」

如是者和她密密互望，終於在她可望到的範圍派完藥，她已經太倦睡了。

她的心結，唯有交給團隊其他同事接力了。

病房不斷有人過身

李太雖然是晚期病患，身體虛弱，但仍意識到環境氣氛和其他病友。她病情稍為穩定，家人正準備出院的安排，她很留意四周所發生的一切。

同房的病友好轉的、走下坡的、出院的、入院的、能自助的、要別人幫忙的、只能臥床的、臨終的……說話清楚的、混亂的、突然大叫的、只剩呼吸聲的……探訪者中談笑風生的、悲從中來的、輕聲細語的、慌張失措的、怒氣指罵的、呼天搶地的、低聲哭泣的、傳福音的、唱聖詩的、誦經機的、按鐘求助的、離床提醒警號……無日無夜，每天圍繞。

對面床的太太即將離世，氣氛祥和，女兒平靜而細心地為母親抹面——可李太看著，心悸手震，雖然第二天便出院，仍然很想馬上離開。

一周後，李太再次入院，要不合上眼短睡，就是雙眼瞪大，面容扭曲，雙手緊握床欄。

我於是問李太的丈夫：「李生，太太在家睡得好嗎？」

「還可以。」

我繼續問李太：「我是安姑娘。你怎樣？有不適嗎？」

李生望著李太，握著她的手。

李太瞪大眼睛望向半空。另一手握著床欄，沒有回答。

「李生，你覺得太太怎樣？」

「無辦法，她很慌！」

「你看得出她心很慌？」

「她上次在醫院見到其他病人……都很

慌。」

「她上次見到其他病人……?」

「見到對面床過身嘛！我已經馬上過來陪她。」

「你可以馬上過來陪她真好……回家後她有講嗎？」

「無。她跟著越來越少講話了。」

「你覺得她還認得你嗎？」

「都認得。」

「有你在旁，她會定些嗎？」

「會。她手中有東西握住亦會好些。」

「有時一些重病病友心很慌，有信仰的支持會有些幫助……」

李生很快搶著説：「不需要，不需要。」

「哦？你們本身有無什麼信仰？拜祖先之類？」

「我們無。」

「咁，你們之前在這方面是否有什麼經驗？」

「有呀，不同信仰的親友、教友、信徒都同太太講過，越講她越亂越慌越驚。」

「原來這樣，不論基督教、天主教、佛教的都傾過……」

「傾過，越講越驚。」

「咁……李生你呢？靠你陪住太太去減輕她面對死亡的心慌，你吃力嗎？」

「這幾年都係咁！」

「有什麼可以幫到你？」

「我反而擔心女兒……」李生講完他掛心的事後，我説：「你現在隨時都可以留在床邊陪太太，醫生已處方了一些藥可令李太放輕鬆點。有需要要的話，可以通知我們，給太太試試看。」

「好的！」

後來我和同事提起：「他們不接受院牧支援，除了針藥，沒什麼可以做了。」

「願意接受院牧、心理學家的支援固然好，現在清楚不想接受亦不是壞事。」

「點解？」

「在你經驗中，所有有接受院牧支援的都必有改善嗎？」

「未必。」

「沒有宗教信仰的，在面對死亡時，必定無法心安泰然？」

「不一定。」

「開始時心慌意亂的，到最後變得平和安祥的呢？」

「都有的，所以……所以……？」

「所以……要提自己：我們是同行。以病人、家屬做中心，做好我們自己可做的。時機到了，什麼都可能改變。時機未到，記住自己亦只是人。」

「咁，那些到死時都仍然心慌膽顫，要用大劑藥才能安穩的呢？」

「就好好用藥物。你有信仰的，可以為他祈禱頌經。無信仰的，我會問，他啟發了我什麼？我要從他身上學習什麼？」

南無阿彌陀佛

七、八十歲的他在床上揮著雙手，用盡氣力也是微弱地喊：「點解我咁耐仲未死？」

我幫他戴上助聽耳機後問：「榮伯，身體有痛或者其他不適嗎？」

「無！」他繼續問：「點解我咁耐仲未死？」

我對著助聽器的咪，為避免那擾人的「VV聲」，放輕聲音慢慢說：「你好想知點解咁耐都仲未死得，那種好似無止境的等待很難捱。是嗎？」

他收起手臂，答我：「係呀！」

「你有宗教信仰嗎？」

「我以前拜佛的。」

「你信死後輪迴轉世嗎？」

「信！」

「你以前經常誦經嗎？」

「無。」

「你喜歡唸『南無阿彌陀佛』定『南無觀世音菩薩』，還是其他？」

「我鍾意唸『南無阿彌陀佛』。」

「好。今世你已經過了幾十年。所做的善行惡行都已經定了，可以幫自己積功德善行的時間和機會都所餘無幾。你會把握剩下的機會為以前有意無意間做過的惡行懺悔嗎？」他搶著答：「我無做過什麼惡行呀！」

「啊，那好啊！就唸『南無阿彌陀佛』幫自己下一世積善積福。等自己一世比一世好吧。」

榮伯點點頭，跟著我諗了幾句「南無阿彌陀佛」。接著我亦轉介佛教院侍探訪，他們第二天便來看。

幾天後半夜，榮伯看見我，吃力地喊：「水！」

我打了一個OK的手勢，趕忙完成原本在做的，拿一碗水放入凝固粉，一小匙一小匙地餵。

他吞得很慢，我沒跟他說話，以免他分心嗆到。

接著他望住我：「我喺邊？」

我對著助聽器的咪，很慢地逐個字說：「你唔知自己喺邊。」

「跟住點？」他問。

我繼續慢慢地說：「你想知跟住要點。」

他眼裡有點心慌，我望住他答：「唸『南無阿彌陀佛』。」

他鬆了一口氣，閉起眼睛再打開看著我：「我而家好歡喜！」

「好，就帶著歡喜心唸『南無阿彌陀佛』。」

榮伯這一整夜都安穩地合上眼。

也許你會說：「我有自己的信仰，不講這些。」但對一位只說「英語」的病友，我會盡量用「港式英語」，不會勉強說「廣東話」，有需要時也找「翻譯」。

至於我自己的「母語」……那就是母語囉！

面對恐懼

「你在這段患病的日子，什麼你最深刻呢？」

「是種忐忑的感覺。」

「可以講多一些嗎？」

「你會聽到很多不同的說法。大家都是想幫上一把的，但各人有各人不同的意見一大堆，你不知道哪個方法好，哪個方法合用，哪個方法是與目前的治療相容，甚至哪 一種治療才是最好。各種方法都不是肯定的……以前對某某或者對自己管用的，今日在我身上又不知效果如何。」

我說：「的確，過去是過去。昨日適合的，不代表今天管用。今天行得通的，不代表明天仍有成效。我們只能就今天所知而去揀。」

「我都知，但卻又擔心作了一個錯誤的抉擇。」

「在已作最周詳的資訊、考慮後，會接納自己會作了錯的決定嗎？」

「我唔想。」

「你容許自己犯錯嗎？」

「性命攸關，怎可以錯？」

「那你怎辦？」

「跟從醫生或者家人的決定囉！」

「當依醫生或者家人的決定後，事情發展的進展不如理想，你會甘心嗎？」

「其實都不太甘心。」

「你會怨他們嗎？」

「醫生唔會，家人會有少少，也會怨自己。」

「連自己都不想面對，或者負起的決定背後，隱藏什麼情緒或者心情呢？」

她思考了一下，說：「……應該是恐懼。」

「想像一下，面前這位女孩正面臨性命攸關的抉擇，非常恐懼，你會向她講什麼，可以慈愛地安慰她，使她可以安穩？」

她靜了一會說：「我唔知道講什麼才可以安慰你……我希望你知道我和你在一起……我愛你。」慢慢地，她平復下來。

我說：「吸氣……」

她跟著吸氣。

我繼續說：「吸入慈愛，呼氣……」

她跟著呼氣。

「呼出安穩……吸入……慈愛……呼出……安穩……慈愛……安穩。」

死亡黃盒子

很多年前一次夜班，有一位病人過身。當遺體和家屬都離開後，另一故事才展開。

同房另一位病友對我說：「下一個到我了。」

雖然之前那病人臨終時，他和家屬尚算平靜，僅僅開他那邊的床頭燈，處理和運送遺體時亦已盡量小聲，但心水清的或者一向睡得不太好的同房病友，都會知道，或多或少有不同的反應。

說下個會走的病友，狀態不算太差，我沒想過他會接著離去。

「點解下一個輪到你呢？」

「我見到那剛去世的病人，四周圍著很多黃色的盒子。現在，那些盒子圍著我的床的四周。」

我頓時毛管戙。

聽到病人這樣說，醫護人員或訪客親友，如何回應？

「黃盒子？我無見到喎！半夜三更，你係咪眼花呀？唔好亂諗嘢啦！」

「下一個到你？黐線！唔好講這些唔等使嘢！無事的！無事的！你老虎都打得幾隻！輪到第二個都未到你啦！」

「我信神的！你信唔信神呀？不如你跟我一齊祈禱啦！只要你信神，你祈禱就會有平安！不用再怕！」

「咪咁迷信啦！等醫生睇睇是否要抽血驗吓，看看是否電解物失衡！」

啞口無言，借故走開。

——信不信他所講的？

問心，自己有什麼情緒反應呢？驚唔驚？怎樣先穩住自己？面對這不可思議的經歷，如何才能幫到他呢？

先深呼吸！

意識自己在呼吸，意識自己整個身體的感覺。

在他床邊坐穩，或者企好，感覺坐椅、椅背或地板承托自己。同時，讓彼此能夠容易地望到對方：「你睇到這個死亡訊號，你有什麼心情？現在有什麼我可以幫到你呢？」

「我已經預咗！你幫我打1234567找我侄女陳小玲。請她幫我還$34.7給病房亞姐李大嬸。她前日私底下幫我在外邊買了包餅、廁紙和檸檬茶給我，我未還錢給她。」

「好，等我寫低先！」隨即拿紙筆在他面前記下，並與他核對電話號碼、人名、銀碼。

「還有呢？」

「還有，叫她幫我打隻銀碟，上面要寫『衷心感謝 視病如親』，致××醫院××病房×醫生××姑娘並全體仝人」

「還有呢？」

「最後是……」

「都寫低了，先覆你一次……還有補充嗎？」

「沒有了。」

「想起有需要補充就隨時講出來吧！」我再說：「現在是凌晨四點幾，你想我現在聯絡你侄女，還是等天亮了，七、八點先呢？」

「……那等天亮先吧！」

於是這事就交給早班同事跟進了。

兩天後返回崗位。這位病人真的是同房接著第二位過身的病人！

是否接著過身並不是重點，而是當病人這樣說時，多少會對照顧者，甚至醫護人員帶來衝擊。

若果我們能不懷疑病人所講，開放一點去

聆聽病人那不可思議的經歷、憂慮、困擾，對準他所關心的落手，這是機會去講身體不適、死後歸宿的信仰靈性問題，又或者提醒他有甚麼重要的事未辦等等。

不要很快就認定病人的說話，也不要因為自己的個人不安而迴避不談，要讓他感到被接納、被重視、不孤單、並非「黐咗線」——那就是病友，臨終親人過身前「心之安所」。

小暑。

天氣愈來愈熱，不時狂風暴雨。

無名怒火

聽到有病人說：「來緊！來緊！來緊！來成世都未來到！！唔使來啦！！！」行近才見到嚴太在談電話。

她動完氣，好不容易平復過後，終於入睡。這時卻是探期。

圍簾內嚴太說：「每一次都要喺我可以瞓著覺嘅時候，吵醒我做這做那！」

靠近圍簾，聽到嚴小姐輕聲地問：「今日覺得點呀？」

「一個個都問同樣嘅問題，你哋要我答幾多次呀？可唔可以有第二個話題呀？」

靜了一回。

「又係青紅蘿蔔湯，唔飲呀！」

很快，探期夠鐘。

嚴小姐走前來跟我約下次探期。

「嚴小姐探完媽媽啦，媽媽今日欣賞你的愛心湯嗎？」

她扁扁嘴，搖搖頭：「媽媽心情好差，她如果向你們亂發脾氣，你們不要放在心。」

「不會呀，你不單無受她的壞情緒影響，仲反過來提醒我們，關顧我們，你好厲害呀！」

「其實我都好無癮，好想頂返佢，唔想來醫院，想自己休息吓。不過又過不到自己的關口，怕日後後悔。」

「你好孝順！」

「唉！都不知好定唔好。」

「好，當然是好啦！百行孝為先！你明知父母無理取鬧是不對。你仍選擇盡自己的孝道，你過到自己的關口，你日後不會後悔。」

「但每次都觸動到媽媽的情緒，可能，不來才是孝順？」

「她並不是真心叫你不來打擾，讓她可以好好休息，而是習慣地見人就刺。這是你媽媽的損失。她的怒火傷害了別人，也苦了自己，可是自己並不知道。」

「她不自知？」

「會㗎，有些病友經年習慣指出別人錯處，自己是管人、判斷別人的一方。有從事某些職業崗位的人，特別會養成這種習性。」

「可以改變嗎？」

「你能夠以孝心化解每次嚴媽媽向你直刺過來的怒火，已經非一般人所能做到的一大步了。下一步，只能待她不斷地被自己的無名怒火所傷，自己能否察覺感知到吧。」

「我要咬脷！」

曾先生因為晚期病，臉如骷髏，原本高大的個子只剩下骨架，疲憊的躺在床上。

「我要回家！」他的聲音仍然洪亮。

「我要回家！」工作人員都聽到，深深地吸一口氣卻又輕輕地嘆息。

「我要回家！」他用盡全身的氣力在叫！

曾先生想回家，家人是清楚的。

可是曾太要上班，同時照顧小學的兒子，並且即將成為單親家長⋯⋯就算她難得抽到時間來病房，曾先生說不了兩句就開始罵，沒兩句就向曾太掉東西！

曾太在大庭廣眾下，開始時尚且忍讓，同事亦在旁和曾太一起嘗試勸說，慢慢地曾太越站越遠，最後曾太唯有轉頭離開。

曾先生雖然體弱，轉身亦需要別人協助，但卻又可以罵得辛！辣！狠！

曾太告訴我們，多年來曾先生性格剛烈，現在病重，再加上經濟和照顧小孩的壓力，她一個人實在沒法接他回家。曾先生向自己的親兄弟要求接出院，但誰也不想真的接他回家。電話上大家都僅僅是敷衍。

「爸爸聽電話！爸爸聽電話！爸爸聽電話！」電話鈴聲響起，我接下電話：「喂，曾先生熟睡，你是誰？」

「我是曾太，兒子想和爸爸說兩句。」

過一會，曾生醒來，開始叫嚷：「我要回家！」

轉告剛才曾太和兒子曾來電，為曾先生接通電話，他說不了兩句又開始大罵。大家都忙，只能讓他在口頭發洩一下，也同時用藥物，希望可以稍為安定一下他的情緒。

不到十分鐘——「我要回家！」

「剛剛和太太兒子通電話，他們有怎說？」我問。

「我要打電話給他們！」

「你不是剛和他們通話嗎？」

「我要咬脷！」

「你說你要咬脷。」

「我現在就要咬！」

「我聽到你說你現在就要咬脷。」

「我數三聲就開始咬！一！」

他輕輕咬了舌頭的左邊。

我說：「咬舌頭都幾痛。」

「我咬啦！」

我看著他咬，臉上露出很痛的樣子。

他說：「我應該咬哪一邊？」

我繼續扮很痛：「我都唔知！」

他說：「真係傻！咬脷都要問人咬哪一邊！我數三聲就咬啦！！」

我說：「二！」

他瞪大眼望著我！

我繼續說：「三！」

看著曾先生試咬左，咬右。我說：「太痛就停一下。」

他停了下來。

「你好嬲。」

「成日話過兩日接我出院。兩日又兩日！兩日又兩日！」

「所以你好嬲太太，好嬲細佬。」

「是憎恨！」

「你憎他們什麼？」

「他們不守承諾！」

「如果他們如實告訴你，他們無能力接你回家照顧呢？」

「唔得！」

「他們無講大話喎。」

「唔……得……」

「我們都只是凡人一個，自己想做很多事情現在都做不到了。你太太、細佬又何嘗不是？」

「唔……得……」

早前的針藥起作用，曾先生終於入睡。我之後亦轉介社工和臨床心理學家跟進。

等死沒意思

「現在我每日只剩下食、屙、瞓，活著再沒意思！但我的活動能力連想自殺都做唔到，姑娘你可唔可以幫我安樂死呀？」

我一邊幫張媽媽換尿褊一邊說：「在現在的日子，你找不到生存的意義。」

她垂下眼細數：「我再返不到工，煮不到飯，照顧不到家人，照顧不到自己。」她望著我：「我不會好返，只會負累家人，加重你們醫護人員的負擔……」

「我聽到你內心很難過。」

她雙眼微紅點點頭。

我請張媽媽等一等，讓我先完成手上的工作，之後我在她床邊坐下說：「在不能返工、煮不到飯、照顧不到家人、照顧不到自己等等等等各樣之中，什麼最令你難受？」

「每日由早望到晚，望亞女收工來探我。望到她來探了，卻又見到她一日比一日深黑的眼圈和倦容，而我就由早到晚這樣無所事事咁過。我好矛盾。好想她來，來到又好想她快些返去食晚飯休息。自己心情唔好，有時仲發脾氣在她身上，我憎自己！我好憎自己！」張媽媽握拳槌胸，淚水大顆大顆地流下來。

「你不單止難過，仲好嬲自己。亞女不在，不會影響到她。想哭就盡情地哭吧！」

「亞女好乖，我唔想好似吸血鬼咁耗盡她。有時叫她不要來，叫她早點休息，她仍是要來。」

「張媽媽，你知道其實心裡好想見亞女。現在亞女不在，你可以放手在胸前好坦白地同自己講，你很想亞女來，很想她來探你，錫你！」

「係！我心其實係好想亞女多些來，日日來，多些時間陪我錫我！因為我的時間不多了！」她流著淚：「我都好想俾亞女知道我好錫她，好愛她。好快再無機會摸她的面……親她。」

「亞女知你好想見她，好想她陪你嗎？」

「知道，她亦無論多疲倦，多夜才收工都每天來。」

「你覺得亞女自己都想來見你陪你嗎？」

「想。」

「除了因為你想之外，她那麼倦了，為什麼還堅持每天來呢？」

「她說來過探過抱過後，她覺得會心安一些。」

「不累嗎？」

「她說累，但之後個人好像充了電，工作上的不愉快會放下一些。晚上亦會好睡一些。」張媽媽嘴邊露出一絲笑容。

「她覺得工作了一天後，即使疲倦或有唔開心，只要見見你，抱抱你，她就會有踏實了些的感覺？」

「她是這意思。」

「當你認為自己負累亞女的時候，其實亞女從你身上取得了力量去面對她的每一天。」

張媽媽凝住了。

「張媽媽，現在你可以怎麼為你囡囡預備將來沒有你的日子呢？」

「現在要見多些，錫多些，抱多些，叫她記住。」

我補充：「亦可以考慮用不同方式記錄下來留給她……」

「讓她記住我永遠都是她的後盾！」張媽媽終於說。

唔准你咁講！

在探病期間，聽到羅小姐對爸爸說：「唔准你咁講！」

羅爸爸半坐在病床上，雙眼緊閉，不發一言。羅小姐很用力地替父親按摩大腿，整張病床亦隨之擺動。

她一邊按，身體向前傾，向著父親不時說：「唔准你咁講！知道嗎？」

這一小時的探訪，再沒有聽到羅爸爸說什麼，羅小姐卻越按摩越加起勁。

我行近說：「羅小姐很用心用力為爸爸按摩呵！」

女兒說：「係呀！」

羅伯繼續閉起雙眼，別過面，不發一言。

我走到羅伯面向的一方，同時看著兩位說：「羅伯，你享受女兒為你按摩的力度嗎？」

羅伯沒有任何回應。

我再問：「你會不會想女兒按摩的力度放輕一些呢？」同時我望向羅小姐。

羅伯點頭，我就對羅小姐說：「羅伯似乎想你放輕力一點。」

「是嗎？哦，我慣了大力的。」

我說：「難得你夠氣夠力，不過若果放輕力一些，這一刻的羅伯會更加放鬆和享受。」

「是嗎？」

羅伯再點頭。

「哦，好啦，我輕力一些啦。」

「好呀！你看張病床都不那麼搖晃，羅伯不用暈船浪了。」

羅小姐笑了。

探訪完結，我趁羅小姐離開，向她打探「不准講」是什麼回事。

「爸爸説他不想活下去了！我真的不知道他內心在想什麼。」

「是這樣嗎？那麼，你聽到他這樣説，你的心一定很痛！」

女兒靜了片刻，説：「所以，我不准他再這樣講。」

「如果你作為女兒，在病床旁邊，想聽聽父親這刻的心裡話，唯有讓他可以暢所欲言，才會繼續講。要注意，這並非表示你認同他的看法，只是他不用向你説一些你喜歡聽的話，叫你安心，而是可以有話直説。」

「但是，我真的不想聽到他這樣説。」

「當然啦，當你説你想聽到他的內心話時，只是想聽一些自己想聽的，還是包括一些你不想聽到而藏在爸爸心裡的真話呢？」

亞爸想自殺

男人三十多歲，身材高大，探望的病人年紀很大，閉上眼正在休息。男人向病床旁的年老女士輕聲打招呼。

「你好。我是安姑娘。你是何伯的……」我走上前問。

「我是他兒子。」

「你有其他兄弟姊妹嗎？」

「就只有我一個。」

「趁著何伯在休息，可否先和你傾幾句？」

我們離開何伯的視線範圍，開始對話。「你覺得何老伯入院後情況怎樣呢？」

「他沒有說什麼。」

「有向你們表示身體不適嗎？」

「沒有。」

「有向你們表示有心煩憂慮的事嗎？」

「也沒有。我其實都有問過，住院慣不慣等，但是他就是什麼都不講。」

「他什麼都不講時，你感受到他是什麼心情嗎？」

「他心情很差！」

「是的！差到什麼都不想講。今日社工和他傾過，他痛，但沒跟我們說，見到其他病友離世，心情也很低落。」

「老爸唔講出來真係好難幫他。」何生表現得很冷靜。

我進一步說：「社工說：何伯心情低落到一個點，甚至想過自殺。」

何生深呼吸了一口氣：「現在點做呢？」

「我們會繼續著力用藥物控制他的痛。社工

會著力心理輔導。院牧會著力面對生死衝擊的問題。仲有臨床心理學家……」

「我們家人可以做什麼？」

「首先把可以用來自殺的用具都先帶走。但凡尖銳刀、剪、指甲鉗、鬚刨、火機、長繩、藥物、可打破的玻璃、瓷器用品等等都請帶走。其次，聽到他有什麼不適請告訴我們。不論他有什麼看法、想法的表達，就是聽。不用急於改變他，再和我們講。我們大家是同坐一條船，各有分工。」

「明白。但只可以聽，不可以即時糾正……」何生有點困惑。

「家人有更重要的崗位。回想過去幾十年，你心情壞透的時候，你老爸會用你受落的方法，令你覺得他支持你嗎？」

「有的。」

「當時你有被他觸動到嗎？」

他點點頭，我繼續說：「很難得過去有這麼深的連繫，仍然記得當日的事件和心情嗎？細節都記得嗎？」

「記得。但我唔知現在點做才可以幫他。」

「今日換轉是他陷入人生的谷底，而你亦已長大成人。以他的性格喜好，你有什麼方法，是他受落的，可以觸動他呢？」

「唔……我知怎樣他會受落，但如何打開這話題呢？」

「其中一個方法是向你拋磚引玉，刺激你的思考。」我說：「你可以與他話當年，借意問起還否記得這陳年舊事。把當日的事件從新憶述一次。期間你亦可以問他一些細節。當時大家的對話內容，所在的環境，你的感覺、被觸動的地方、轉變。無論當日有講的、無講的；之後他所知道的、不知道的；對你日後的影響等都可以與他交流分享。

開始話當年，氣氛往往就會變。今日角色換轉了，就用你所認識的老爸會接受的方式，令他感受到無論將要面對的處境多困難，你都會在旁支持他。」

其中一個選擇？

「病到現在，經歷了這麼多，有諗過自殺嗎？」

「哈哈哈！我鍾意你夠直接。」他靜了一下：「話你知無，都是呢你！不過真係唔可以亂同人講，好煩，亦好累事。」

「是的。」我笑笑：「多謝你肯同我講喎！」

「你知啦，唔講出來好地地，一講出來就一日被人問到黑，又唔知要見乜鬼社工，乜鬼神父，乜鬼心理學家，當我有精神病，黐咗線？佢哋就黐線！我個病無人醫得好，安樂死又話犯法，唔通連我自己自殺都唔得？專制！」

「結果就算連吹吓水，都要小心講嘢。」

「咪係！真係要自殺，那些無聊問題係人都識答啦，咁易被人問得出咩！都傻傻哋，當我傻仔！」

「咁之前你在什麼環境情況下，搞到要諗自殺呢？」

「痛啦、成日嘔、睇見人哋周身插喉叫都無人理……」

「你係話當自己痛緊，反反覆覆哋嘔吐，同見到其他病人的處境，想到自己日後可能要面對的日子，看不到出路時，有諗過自殺。」

「係。」

「咁你諗住點樣自殺呢？」

「哪，這個就唔講得你知，不過你放心，我的方法一定成功，而且不會連累你們和我的家人。」

「你都有周詳計劃和思慮喎！」

「係㗎！」

「咁現在你的痛呀、嘔呀，這些不適控制好點了嗎？」

「好一點了。」

「現在身體的不適的程度，仍會令你想自殺嗎？」

「暫時唔會。」

「自殺這一步，聽落就像是留給自己一個可以掌控的選擇。」

「係呀！」

「其實除了自殺，現在連將來做唔做急救、插唔插喉，你都可以揀，預先同家人、醫護人員講定，同你記錄下來，入了電腦。讓所有人都知你想點，你唔想點。」

「咁樣文明好多！起碼尊重病人。」

「是的，至於將來照顧上的問題，就需要和你和你的家人一起詳細傾。」

「其實自殺某程度上，都係唔想負累他們。」

「你情願犧牲自己，背後為了他們幸福？」

「都係㗎！」

「真要慢慢了解你家人的看法了。在未來的日子，你除了自殺，或者仲有其他選擇你還未了解的。」我笑著說：「你下次想吹水時可以找我，我不在時可以找乜鬼社工，乜鬼神父，乜鬼心理學家都得㗎。」

「哈！哈！哈！講呢啲！」

大暑

炎熱之極，濕熱交蒸。

當病人執意自殺

通常一有病人自殺，很快就會有一些檢討個案會議。會議上檢討當中各個細節，同事之間亦會互相支持、疏導情緒。

這次醫院會議主題回顧返過去幾年的自殺個案，有份照顧的同事很自然地又會浮起：「如果我當日……咁結果可能就……」以往聽到別人說：「讓時間去治療吧！」可是單靠時間，有時亦未必能跳得出來。

這次幾位自殺的病人全是晚期病者，老中青都有。有曾經事先張揚甚至有前科，亦有由始至終不動聲色的；獨居、二十四小時有人陪同、有或無精神科病史、有或無精神科專科同事參與……統統都有機會發生。

既然我們選擇了這條難行的同行路，當什麼都做盡了，怎樣可以繼續行下去呢？

由一開始認識，已經注定很快要道別。若果在這最後幾天至一兩年的相遇同行中，自己能付出一分力，減輕對方一點點的痛苦，最終壽盡而終，會有點安慰；相反最終對方自殺而亡，自己會陷於自責歉疚。

不斷反思：前者的結果，全是自己的功勞嗎？若然是，那便不能推卻後者的全部責任。而然，天時地利人和下，「我」真的不能居功，就算有功，亦只是包括病者的衆人中的一份。

由加入醫護行列，到紓緩治療科的日子計算，自己照顧過多少個病人？若以晚期病人都是自殺高危者的角度看，有幾多個最終放下自殺的念頭？又有幾多個最終自殺？

縱使病友最終選擇自殺。在這以前，又有幾多次因著種種各式各樣的因，一次又一次放下了這決定。每次這一點又一點掙扎活下來的理由和力量，亦是包括有病者有你有我的天時地利人和之中。

「每個病人都有做自殺評估的。」

當然。就像每次「中學生應否談戀愛」「婚前應否有性行為」的作文、辯論題一出，大家就已經知道長輩背後的前設是什麼。當情境在眼前，體內強大的荷爾蒙力量立刻與長輩的教戒決戰了。

面對每一個相遇同行的生命，不論日子有多少，不知不覺間都有一份珍視。每個自殺個案的檢討都是有價值的。檢討之中，是否定生者/死者？抗拒？指責？討價還價？麻木？還是接納？

對於已經有全盤計劃，意志堅定要去自殺的，究竟我們的目標是要用盡所有方法去制止，改變他/她的諗法？還是用接納的方向，即使他/她有呢個諗法，我們仍然係無條件接納？

很多年前的農曆新年，一位老伯伯選擇離開醫院回家度假，與一家人齊齊整整食團年飯，開開心心過了年後，他使開太太去買餸，使開仔女出去行街消遣——就在這時選擇自行了斷。

縱然其他人未必認同這做法，但會否是他當時心目中的好死呢？

若果把自殺的主題，切換成人生的其他抉擇又會如何？

是否做錯事？

經歷自己所照顧的人自殺後，同事説：「如果當時我有……咁後果會唔會唔同呢？」

「你好唔想見到事情發生到這樣的地步。你現在的心情有時仍會好差？」

「我好想知，係咪做漏咗一啲嘢，令到事情發展成咁。」

「你好希望能夠扭轉成件事。回望過去，你好想知道假如你再做多一點，又或者少做一點，可以令到結果有所不同。」

「是的！因為見到這樣的發展，實在很難過，亦控制不到不時反問自己。」

「打一個比喻：你在一塊很肥沃的土地上面，你會放什麼種子落去？」

「我鍾意的瓜菜、花朵之類。」

「這片土地上只會種出你所鍾意的瓜菜、花朵而沒有其他？」

「還會有其他？」

「每個農夫都會種想要的作物，但他不想要的，肥沃的土地就不會長出來？」

「那又不會。」

「其他不想要的作物種子，何時、點樣落到去這一片土地呢？」

「飛鳥啦、風啦。」

「還可能是行經附近的路人衣服上跌下來，不知多久前落在泥土裡，一直沒發芽。天時地利人和下，自己就會生出來。」

「你想説，我們不想見到的事情，就算我們多不願意，有時都是無法避免？」

「我們每人有自己負責的田。我們行過見到

別人的田，有些很用心打理，雜草不多；有些雜草可能已生到腰高；有些可能隱藏有紅火蟻、田鼠、蛇洞……有時可能他本人都不清楚。就算去到最後的時間，對方願意接受你的提點甚至出手幫忙，可是集眾人之力，亦只能在他離開之前，盡力而為。

當然，你可以不斷進升學習，怎樣更有效的處理雜草、紅火蟻、田鼠、蛇類，真正使他那片土地改變。即使能力未及，亦可以無私分享一些好的經驗、種子給他帶走。待他再回來時，由他再繼續打理。」

同事靜了，消化沉澱。

「不要忘記我們都有自己的田，見證著他人幾十年所經營的經驗，我們可以怎樣借鏡、實踐於自己身上。

即使病人當刻選擇了自殺，以悲憫之心祝福他，感謝對方以生命讓其他人深思反省、好好轉化。」

你幫爸爸打針吧！

細女心慌張地留在爸爸床旁，想掂又不敢掂，坐又不是，站又不是，兩眼不知道在找什麼似的。

而爸爸在床上，雙眼半開半合，臉容不張不弛，雙手久不久抖動一兩下。

我站在床尾看著。細女隨即對我說：「姑娘，你幫爸爸打支針，等他快些走吧！」

「你覺得你爸爸怎麼啦？」

「就是不知怎樣，不知他痛不痛！不知他是不是哪裡不舒服！」

「看見爸爸這樣子，他雖然講不出哪裡不舒服，卻令你感到不安，不知所措。」

「既然結局注定是死，你幫幫他，讓他不用那麼辛苦吧！我們屋企其他五個人都接受了。你幫他打支針讓他安樂死吧！」

我請細女慢慢離開病床。細女繼續要求，我一直點頭聽著，待她稍為停頓，我說：「見爸爸現在睡得不太安穩，又講不出是不是有哪裡不適，實在令你很擔心吧！」

「係呀！現在他有痛都講不到。」

「他眉頭沒有緊皺，臉容沒有繃緊，而且……不過他實在睡不穩。雖然我不能夠幫你爸爸打針安樂死，但若果打少少針藥令他稍為睡穩一點，你覺得好嗎？」

細女點頭。

「現在打完針，半小時後再來看他。你留在他身旁，若發覺沒改善可隨時按鐘找我們。」

半小時過去。院友的臉容相較放鬆了一點點。

我問：「爸爸睡穩些嗎？」

「好少少。」

「那好呀！半小時後再來看他。到時有需要可以再加少少藥給他的。」

再過半小時，爸爸打鼻鼾。

「你覺得爸爸睡穩些嗎？」

「好少少，不過他其實沒有熟睡的。」

「那麼，你會想再加少少針藥給他嗎？」

「我怕藥太多會有壞影響。」

「唔！需要取平衡，醫生已處方不同的藥物和份量可用。若現時情況尚可，我們可以靜觀其變。」

她點點頭，手卻不停為爸爸按摩雙腿。

我問：「九點了，你吃了晚飯未？」

「未！回家才吃。」

「不捨得離開爸爸？」

她點頭。

「爸爸又何嘗不是呢？他的時間正在倒數，只要他不怎辛苦，睡得安穩就可以吧！」

她點點頭。

「你都要照顧好自己才可讓爸爸走得安心啊！」

好走還是安樂死？

同事今天的眼神有些凝重，似乎有點心事。

「有事情令你心煩嗎？」

「你記得早兩天過身的盧伯嗎？」

「記得，他是早兩天我和你一起返中班那時過身的。」

「原本以為一切都很圓滿，不過之後我聽到他其中的一個女兒問家人：是不是最後的一支針，令盧伯去世。姑娘是否打針打死了他？家人即時示意女兒不要出聲、不要多問。我當時不知道怎樣反應，這兩天我一直在想，我們當時決定為盧伯在臨終時再注射的針藥，真的幫到他舒服離世？還是安樂死呢？」

「這事要談談。你記得兩天前我們交更接班時，盧伯臨終前的景象嗎？」

「記得，接班前我在病房很快行一圈。第一眼見盧伯已是渾身不對勁，雖然用著氧氣但仍然氣喘，睡得不安寧。當時因為要趕接班，很快的交代了兩句給其他上一更的同事，便開始去聽交更。」

「是的。到我們接更後出來，醫生已為他開了持續性皮下注射的處方，同事亦為他校好針盒，提供止氣喘、止痛、收痰、鬆弛的藥物。你記得之後怎樣嗎？」

「之後的效果仍然反覆。」

「可以再仔細一點，記得盧伯的樣子嗎？」

「唔……就是渾身不對勁，氣喘，有些手腳舞動。」

「他當時面色有些暗啞，四肢開始變得冰冷，握著他的手，似有股寒氣微微傳出來。」

「記得你當時去摸他的脈搏，觸摸他的手腳四肢。」

「接近黃昏的時候，盧伯的情況繼續走下坡，神志變得更加昏沉，雖然量度的體温正常，但戴上膠手套摸到他的手腳，仍然感受到一陣寒氣，穿透膠手套。他的皮膚觸摸上去，黏黏膠膠似的，脈搏亦較幾小時前更加似有還無。」

「之後你叫我向家人通知病危的消息，囑咐至親過來。」

「至親陸續來到床邊陪伴，見他仍不時氣喘。家人呼喚，他不時皺眉、搖頭、手腳有些舞動，大家看見他睡不安穩，都很焦急擔心，很想幫上一把。很希望盧伯能夠安詳地在睡夢中，在家人的陪伴下離世。」

「盧伯的家人很焦急、很不捨。不斷追問有無什麼方法可以令盧伯舒服些。」

「你見到盧伯家人反應，你當時有什麼感覺？」

「我自己都很難受。」

「之後，我們按醫囑額外再幫盧伯注射了藥物。希望可以進一步緩解他的氣喘，希望他能睡得安穩一些。坦白說以當時盧伯的情況，你預計盧伯還可以撐多久？」

「快則以小時計。」

「那麼慢則呢？」

「印像中見過可以撐一、兩天。」

「如果當時我們沒有額外再給針藥盧伯，他可能繼續這狀態維持一兩小時甚至一、兩天。盧伯和他家人會怎樣？」

「看到都會很辛苦。」

「醫生的處方份量是一般常用的範圍，還是不同嗎？」

「都是一般的份量。」

「這份量對其他未到這麼病危的病人來說，有問題嗎？」

「無問題。他們的份量有時甚至更高。」

「那麼，現在你對於施針後一兩小時內盧伯便離世，有什麼看法？」

「盧伯的生命即使走到最後的時間，我們仍盡力協助他好走。」

「對於女兒心存的疑惑呢？」

「我現在知道可以怎樣即時向女兒解釋了。不過，現在可以怎辦呢？」

「可以交負責哀傷輔導的同事跟進。」

同事深深呼了一口氣。

「欣賞你的用心！」

立秋。

秋天來了，白天仍然很熱，
可是夜裡開始有涼意。

二十分鐘休息

把電話調去靜音。

在不被打擾的空間，點起一小段香枝，盤腿坐在坐墊上。

吸氣，知道自己在吸氣……

呼氣，知道自己在呼氣……

吸氣，聞到淡淡的香味，知道自己在吸氣……

呼氣，感覺到頭頂好慢好慢向上伸展，而保持放鬆。知道自己在呼氣……

吸氣，知道自己在吸氣……

感到背部一節節向上拉開。呼氣，知道自己在呼氣……

感覺到風由右上方吹向頭的右邊，右肩，右臂，右手。

吸氣，知道自己在吸氣……

腦海浮現她好氣憤的畫面。呼氣，知道自己在呼氣……

發現當時自己明顯心跳。

吸氣，知道自己在吸氣……

感覺到右手背手指與坐墊的接觸。

呼氣，知道自己在呼氣……

聽到左邊傳來房間內電器的「嗡嗡」聲。

吸氣，知道自己在吸氣……

思潮又飄到：「我回應她的一剎那，自己是怎樣的？」

呼氣，知道自己在呼氣……

聽到右邊傳來巴士的「池、池」聲。

吸氣，知道自己在吸氣……

感到涼風繼續在吹。

呼氣，知道自己在呼氣……

聽到很遠有鳥兒的「吱吱」聲。

吸氣，知道自己在吸氣……

感到盤腿坐直的身體很放鬆。

呼氣，知道自己在呼氣……想睏……

吸氣……

呼氣……

吸氣……

呼氣……

「嘟嘟嘟，嘟嘟嘟」鐘聲響起，結束了二十分鐘的休息。

病人最想要

交更時聽到今天下午有二男二女入院。其中一位九十七歲趙伯由另一間醫院轉來，主要調藥控制疼痛、失眠、家居照顧問題。

趙伯由同事用輪床送到床房。他眼仔精靈，剛過完床。同事接著為他量度體温、脈搏、血壓等生命表徵。疫情下限制探訪的關係，沒有家人陪同。

他稍微安頓好後，我便過去看他：「趙伯，你好呀！我是今天負責照顧你的姑娘。你現在有什麼不適嗎？」

「我好口渴，你拿杯水給我啦！」

「可以呀，我先找找你的杯子先……」一邊找一邊問：「除了口渴還有什麼不適嗎？」

「有呀，我常常肚痛。」

「你可以用手指出肚子哪個位置痛嗎？」

趙伯用手輕摸右上腹的位置：「有時這邊亦痛。」接著又沿肚臍四周打圈。

「現在這刻痛嗎？」

「你找到杯子未？我口渴想飲水。你唔好掛住問好無？」

「哦，我一邊在你袋行李找杯一邊問，我無停下手腳只顧問呀！找到了！現在先倒杯水給你喝先。」

「我要和暖的！」

「可以呀！」

端來一杯水給趙伯：「你唔受得凍水嗎？」

他接過了水急急地飲：「今日早餐之後就無一滴水入過口了，所有嘢都入了袋等轉院。」

「一杯夠未？」

「你幫我入定一杯。」

「可以呀，都是暖的。」

放下注滿的暖杯，我繼續問：「趙伯唔受得凍水嗎？」

「後生女，老人家飲凍水會反胃、會肚痛，你而家後生唔會明。」

「後生女唔明唔緊要，最緊要記得趙伯是要飲暖的。」

趙伯舉起大拇指咧嘴笑了。

「一陣我在你床頭寫明你要飲暖水OK？」

「VERY GOOD！」

「趙伯厲害喎！講英文！而家可以講我聽你唔舒服到要入院的情況？」

「我呀……」

對著幹？

亞華和太太是一對很樸實的夫婦，沒有兒女。亞華四十多歲便得了末期癌症，相對是較為年輕的，太太每晚放工後都來探望。

她無法帶自己煮的食物來，但總會幫丈夫沐浴抹身、梳洗或者足浴後才離開。

多次單獨問候太太，提醒她要進食有時，照顧好自己，她都很平靜的答應。

「我倆都修佛。固然有不捨得，總算面對得到。甚麼都可以談。亞華甚至表達了想在往生後捐出眼角膜和做大體老師。這都一一依他準備。」太太唯一擔心：「只是現在見他雙腳腫脹，行路時膝蓋都只能微彎，肚子比孕婦的十月懷胎更大，雙手和面頰卻瘦弱下陷。可是，他仍然堅持自己離床不扶著慢行，揀選無扶手的膠椅坐，有時太累，坐著都不自覺睡到東歪西倒。我屢勸不聽，他就像接受不到自己走下坡，要對著幹！」

隔天下午，趁亞華有點精神，坐在床上，就上前問他近日的身體感覺。

「很累……自己進食期間都可以不知不覺地睡著，直到姑娘拍醒我，問我怎麼食住飯都睡著。」

「情況就似無電熄燈那樣嗎？」

他笑笑口，點點頭。

「你介意嗎？」

「不介意。累了便睡。這是福氣。」

「你這突然而來的打瞌睡，隨時會發生。所以走路時不妨邀人相伴，坐下時不妨選有扶手的重身靠背椅，免得重心向前或左右傾斜，輕身無扶手的膠椅會倒下，保護不到你，有機會跌傷。」

「原來會這樣嗎？」

他隨即開始轉坐有扶手的靠背椅。開步行時亦按鐘求助。

亞華不接受體能衰退嗎？他是對著幹嗎？向太太交代是病重令他思維腦袋轉不過來，意識不到危險，妻子這才釋懷。

她臨離開前又提到，亞華首次重複地反問：「吃了晚上的藥未？」

唔，亞華跌倒新增原因再加多一項……健忘！

無限的生命

李伯患有末期病，已經要透過鼻胃管進食，但仍然思路清晰，對日常生活有所要求。

聽到有人按鐘，去到他跟前還未開口……「我屙了大便，按了鐘，為什麼等了半天都無人替我清理？」李伯生氣地問。

知道開口不如動手，馬上換褊。

同事私下忍不住對我說：「我們每四小時，就會全個病房換褊，他怎可以說等了半天，都無人替他更換呢？況且他在其他時間按鐘，我們也有幫他更換啊。」

我在放工回家的路上，專心地呼吸，希望可以暫時忘記這份「不平」，放下這「控訴」。

一呼一吸，我感受著一呼一吸。

享受每一步行路時的感覺。

腦海中慢慢出現這話：「李伯說的不是你，你不用執著於他的話。」

內心對自己說：「對！」

然後把專注放回呼吸，步行。

腦海再出現另一番話：「這個衰壞中的身體不是李伯，他不用執著於這個身體，他的生命是無限的。」

內心浮起一絲感動、一絲感恩。

李伯啟發了我，透過文字送給你：一個衰壞的身體，怎能局限無限的生命呢？

陳老師再見

當一個個老朋友都有自己家庭，相聚不是易事，沒想到在毫無準備下，在病房的通道上遇見五、六個小學舊同學……心裡馬上一沉。

「安安，我們正想找你，陳老師入了院。」

陳老師？

當年她是剛畢業入校的新進老師，感覺像穿著老師衣服的大姐姐。當年我還找她寫紀念冊。

「陳老師！我係安安，是你當年的學生，你認得我嗎？」

「安安，我認得你。」陳老師的笑容、眼神、樣子和當年完全一樣，只是有些氣喘。

「你現在覺得怎樣？有什麼需要嗎？」

「沒什麼，還好。」

老師似乎對一般控制徵狀不適的方法，都有保留，努力用意志、用自己的方法去克服。跟陳老師的家人打招呼後，我返回崗位照顧病人。

每天上下班都和老師點點頭，叫聲「陳老師！」數天後，陳老師氣喘加劇，戴著氧氣鼻管，面容繃緊地端坐在床上，只能以一兩個單字回應。她的家人一些坐在床上對著她，一些站著在旁，看著她，也不時望向我。

「陳老師，係我，安安呀！我今天負責這間房。你現在的氣喘有針藥可以幫你舒服一些，給你試試好嗎？」

「是嗎啡？」她問。

我輕按她的前臂，望著她說：「係呀！用很少很少份量，安全的！你可以比較一下十幾二十分鐘後的效果。可以幫到你的。」

家人都不出聲地等著，終於她說：「好吧。」

我幫老師打針：「陳老師，現在打了針，放輕鬆休息，一陣再來看你。你亦可以按鐘叫我。」回頭經過，陳老師已合上眼睛，放鬆地斜斜靠在墊高的床上。我向家屬點頭示意讓陳老師多休息一會，過一會再經過，她醒了，覺得這次用藥後的感覺不錯。

之後的日子，隨著徵狀加重，所用的藥物組合和份量亦增加。老師由作息有時，到病床上應付簡單起居，再後來慢慢睡著，一醒來即使不動亦會氣喘如牛。

「安安，現在一醒來就氣喘了，我想加藥，多睡一些。」

「可以呀！但亦意味你能清醒地和親人交談互動，會越來越少。你準備好嗎？」她點點頭，眼神堅定的望著我說：「準備好了！」

陳老師是虔誠的天主教徒。我輕撫她的手背，望著她的雙眼，不禁有些哽咽地問：「你現在平安嗎？」

她很堅定地回答：「平安！」

「好！我向醫生說你的意願。」

家人在床邊靜靜地聽著，沉默無聲。我拉她們出外細問：「到目前的階段，為了讓陳老師舒適而加藥的話，她睡眠時間會越來越長，能夠清醒地和你們交談的機會就會越來越少。你們有心理準備嗎？」

「要講要交代的一早已講過了。若果這可以幫到她舒服過渡，又是她的心願，就依她的意思吧！」

隨後大概一週多，藥物調節目標是讓陳老師舒適，她越睡越多，能說話的時間越來越少，有時打開眼睛的時間只有數分鐘甚至幾秒。但她的樣子從容，醫護人員和家屬、教友持續護理、照顧、在床邊安靜地祈禱。

彼此的聯繫由雙向的言語，轉為單向，一

方講，一方聽，大家改為用身體接觸。我每天上下班，或者放假前都會去看陳老師，摸摸她的前臂，告訴她我來了，什麼時候會再來。

後來在放假期間，接到同事通知陳老師的死訊。

前去老師的追思彌撒途中，從舊同學口中知道陳老師才剛退休，兩三年來悠閒地生活和旅行，發病後很快惡化，還來不及治療便已晚期。但老師一直樂天知足。

在彌撒中我心想：「我既不是優異生，又不是最頑劣的，離校後亦無聯絡，你怎可能記得我？但奇妙是在你最後的日子，偏偏我有份照顧你。」

隱約聽到陳老師回應：「安安，每人守好自己的崗位，做好自己的本份，世界就會很美！」

處暑

夏季火熱已經到了盡頭，
不時有秋雨降臨。

內疚無法兼顧

記得第一次家訪林伯，他把自己和所有常用的物件都安頓在客廳。

雖然他受晚期病影響不能正常説話，活動能力受限，但起居仍能以拍手、肢體語言去讓太太明白。

當我把林伯頸上的敷料逐層逐層揭開，一個中式茶杯深陷，暗紅組織間隱約見到一個芝麻大的搏動點——「喔噢！」我眨了幾次眼，定睛再看。

我有看錯嗎？生怕被發現似的緩緩深深的吸一口氣，再緩緩輕輕的呼出。

他們知道嗎？一旦大出血能處理嗎？

「你們照顧得很好。目前先處理痛和便秘問題。傷口方面交我們處理。」心中卻盤算怎樣安排醫生一起來下次家訪，到時一起向同住的太太及女兒講解。

等到醫生來到，我們一齊問家人：「林伯的傷口深及血管，有機會大出血，到時他在家或在院的存活分別不大。你們聽到這消息有什麼感覺或者想法呢？」

「大家都知道他的日子在倒數，我們和他都希望留在家，直到最後真的沒法處理。」

「目前要避免他動用到內勁：要免用力排便、咳嗽。同時準備手套、厚敷料、寶藍/深紅色毛巾的止血箱。萬一大出血時，打九九九，保持頭部高於心臟，然後在原有敷料上蓋上厚敷料，例如深色毛巾壓住，並且通知我們。要知道即使預防的工作做得多好，我們是無法阻止傷口繼續向內侵蝕的。」

安穩的日子一週一週的過去，演習亦一遍一遍地操練。

直到一天，突然傳呼機機顯示「林小姐××××××急！」

「媽通知：爸在廁所頭暈，傷口在出血，人仍有反應，坐在地上。我現在趕回家，你現在可以上去嗎？」

盤算著已約好的新症，家屬和今天必要去的個案。怎辦？盡做吧！

「你現打九九九叫白車，十分鐘車就到。打去通知管理處。提媽媽扶林伯坐穩。頭高於胸口。林伯不會痛，只感到暈暈地，想瞓。告訴她十字車十分鐘就到，而你亦回家中。提醒戴手套，用厚敷料，毛巾在傷口原敷料上輕按。做之前所演習的。你到家再致電我。」

電話再打來：「我返到去十字車已到。廁所地上都是血。媽好驚，爸卻很鎮定。」

「好。有十字車先生接手處理。媽媽跟車。你跟車嗎？」

「小朋友快回家，要先清洗，以免嚇到她。」

「好。開花灑用凍水沖。到急症室再聯絡。」

未幾，電話再打來：「陪爸上病房，他很蒼白。他有向我們揮手，示意我們不用擔心，但亦像在道別。」

沒法與林伯家人一起，當日每個家訪中，傳呼機每一下震動，都在想著林家。提自己要先做好手上的事，然而工作中的片刻空檔，哪怕只有幾十秒，都禁不住要看看傳呼機的顯示屏。

記得當日做完最後一個家訪，行在後街。在小路過馬路時……

「呠！呠……！」一輪白色私家車就在我身後一呎左右的位置駛過。一腳踏上行人路，一手扶著路邊欄杆。意識到自己在呼吸。

「感謝祢！多謝祢的守護和眷顧！」我意識到當刻已超負荷了！體會人家說的魂魄唔齊！

同自己講：「我要放工了。」

翌日電腦上顯示林伯去世了。

家中的那一幕對林家有甚麼影響？嘗試再次家訪……被拒絕了！

雖然當日事件的處理是正確合理，但在情一方面自己實在有所遺憾。遺憾在未能適時現身。哪怕只是一時、三刻。

若果可以重來一次的話：會選擇放工後，好歹去醫院走一轉。林小姐到急症室與我通電話時，亦可以好好交代這安排。相信當日在其他的家訪中，自己會更專心。

歷史改不了。只能找到適合自己而又可以有的出路去處理將來類似的情境。

電話報消息

多年來上班習慣第一時間行一圈，看看所有要負責的病人。除了會按鐘叫喚求助的病人，不懂叫喚的更加要留意，而且往往會在接班這短短時間生變。

黃伯乍看神態自若，但呼吸短淺，面色暗啞帶灰，很不對勁，一摸脈搏——噢！另一邊——噢！兩邊手腕的脈搏似有還無……

病人家屬通知欄第一人是侄仔，我腦海沒什麼印象。電話接通，無人聽，也沒有留言信箱：「電話未能接通，請你遲些再打過啦！The number……」

通知欄第二人，是另一位侄仔。電話同樣無人聽，但可留言：「電話未能接通，請喺咇一聲之後……」

最後一人是侄女。「喂！」

「喂！你好呀！請問你是黃×玲嗎？」

「是呀。」

「你好，我係××醫院，××病房的護士安姑娘。黃××是你邊位呀？」

「他是我亞叔。」

「對了！我剛才嘗試找黃×文和黃×武，都沒找到，所以找你。現在方便傾幾句嗎？」

「可以呀！」

「你叔叔黃××的情況不太好，今日晏些可以來看他嗎？」

「可以呀，他現在情況怎樣？」

「情況麻麻哋，你估計大概多久可以來到呢？」

「一小時之內吧！」

「你是從哪裡來？」

「對面海。」

我心想，一小時由對面海來到都很快了，答道：「好！你是駕車來嗎？」

「是的，自己開車。」

「那是你平時的車程嗎？」

「是的。」她的聲音聽來是平穩的。

「唔！那麼你小心慢慢來，看清楚，照平時的速度。應付到嗎？」

「可以的。」

「你亞叔現在情況雖然不太好，但是是舒服無痛的。來到醫院我會找你。要我幫你通知黃×文或黃×武嗎？」我擔心她駕車時分心。

「好呀！你幫我通知呀！」

「好！小心揸車！一陣見。」

再撥電話，終於找到第一位侄仔，自我介紹後我直接問：「請問你今日晏些會來探黃伯嗎？」

「不了！我上週來過，而且我本身都七十幾歲，出入不太方便。」

「明白了。你上次來探亞叔時覺得他怎樣？」

「他都接近九十了，見他沒什麼不適，個人都算乾淨企理。都係咁上下啦！不再苛求了。」

「係呀！咁若果你叔叔的情況有變，你會考慮今晚過來嗎？」

「都唔會了。」

「明白的。各人都有自己的限制，盡了力，亦要放下。」停了幾秒再說：「我剛才亦已通知了黃×玲，她駕車趕緊來，你暫時不要打電話給她，怕她分心危險。她想我代她通知你一聲。待她到醫院後我會找她交代亞叔情況。」

「唔。」他簡單地回應。

我續問：「你會有什麼特別說話想向亞叔講，又或者做嗎？」

「……唔！想同佢講聲對唔住，今晚來唔到。希望明天有人可以接我去探佢。」

「好！你再諗一諗。等黃×玲到了後，我叫她用電話等你可以在電話上同叔叔講吧。」

「哦！」

「我同你傾到這裡可以嗎？」

「可以！亞叔都已經九十幾，已經好好啦！」

「咁我去看看你叔叔先啦！」

「好呀！姑娘，唔該你呀！」

「你自己小心呀！拜拜！」

「拜拜！」

在電話上報危時，比面談時更要小心聆聽，評估對方的情緒反應，即時是否能冷靜面對，平安趕來醫院。來到醫院可以面對面，會較清楚看到對方在言語以外的情緒反應，掌握會較準確。

手機終於解鎖

現在幾乎每個病人都有手機，舊款的、智能的……

可是你手機的解鎖密碼，至親知道嗎？

病入晚期的娟姐很温文忍耐，即使痛至面有難色，亦不見她主動求助。當醫護察覺後，提議她試加少少止痛藥或止痛針，她會欣然接受，報以微笑。

有一次在為娟姐個人護理的時候問到：「你想打電給朋友親戚傾吓偈嗎？」

她眼定定思考了五秒才回答：「好呀！」

「你想打給想呢？」

又思考了五秒：「打給二家姐，打給牧師。」

在床邊、櫃桶找她的手機，檢查是否有電：「你記得他們的電話號碼嗎？」

她想了五秒：「手機內有儲存。」

手機找到了，亦有一些電量，但要開密碼鎖。「你還記得手機密碼嗎？」

她眼定定，思考了五秒：「記得。」

我拿著她的手機，她在密碼鎖的九個黑點上開始畫。她的手畫一橫一直，接著就無力再繼續，手跌下來。

「再試試？」

一橫，一直，一橫……時限過了，要重新再來。

「畫多了幾筆，快成功啦！」

她再試，再一試，再試一次。手有時跌下來，最後眼瞼亦跌下來。

如是者在不同同事和兒子協助下試了幾天。

「兒子會有牧師電話嗎？」

娟姐同樣思考了五秒：「他沒有，都在我手機內。」

心諗：「娟姐的記憶和手眼協調只會越來越差，人亦越來越疲倦，點好呢？」突然靈機一觸，用A4紙畫了很大的九個黑點給娟姐。

「你試在這紙上畫你的密碼解鎖看看。」

一橫，一直，手跌下來。

「你在紙上由一直開始繼續畫看。」

一直，一斜落向中，一直上，手又跌。

「很好呀！由一直上開始繼續呀！」

一直上到正中，向左橫。今次她停了，亦眨一眨眼舒一口氣。

我請娟姐看我從新在A4紙的九點上由頭畫一次。

她很慢卻很清楚的說：「係啦！」

「我們現在打電話給牧師好嗎？」

她思考了五秒：「現在幾點？」

我望望鐘：「現在下午四點半。」

她思考了五秒：「今天是星期幾？」

「今天是星期二。」

她思考了五秒：「好的。」

在娟姐的同意下，她的手機密碼半公開地放床邊，方便我們替她解鎖後和朋友親人連繫。兒子亦可以保存她手機內的相片。

幫忙身邊人

最近以親友的身份去醫院探病，鄰床的院友垂危，女兒從外地趕回來。那女兒照顧很細心，雖然和媽媽經常分隔兩地，卻是彼此心連心。

幾次探病都遇上她，我們會點點頭，不知不覺開始交談。

這次我去探親，剛好聽到那女兒接電話：「喂！……係！……乜話！……」她抓起背包急步跑向病房大門，不到一分鐘，又由病房大門半跑回媽媽身邊：「……係！而家喺邊話！……點會咁㗎？……係呀！我都係返來一星期左右。」

她又再急趕走向大門。我於是走上去問候：「發生什麼事？」

「亞媽情況好差，所以今次返來未有去找夫家那邊。他們不知我返香港……」她說：「……後來知道我回港，可是沒有我手機電話，找了我幾天。」她看見升降機剛離開，就想行樓梯。我拉著她說：「等一等升降機，會快過行樓梯的。」她繼續說：「他們說奶奶急病入了××醫院，情況危殆。通知我盡快去看她。」

我們一起搭升降機到地下，她有點神不守舍，我輕輕搭她肩膀，帶她去的士站。

她雙眼瞪大大，說話和步伐都很快很急：「奶奶和我感情很好，每年我都返來探她和我媽媽……」

的士站沒車，她想衝去馬路，我拉著她，幫忙叫的士。車台回覆：「××醫院去××醫院十分鐘有車，車牌××××」我馬上告訴她，她也趕過來。

「十分鐘有車，車牌××××。」我重複對她說，她也跟著重覆讀，開始安定下來。

我深呼吸，她也慢慢跟著深呼吸。

「你現在OK嗎？」我問。

「OK。」

「有現金嗎？」

「有。」

「不要走開，在這裡等車。我返上病房先，OK嗎？」

「OK。」

「自己小心！過馬路睇燈時睇多兩眼，慢慢來！」

「OK。」

當聽到壞消息，打擊太大當下失去方向，影響了平日行事判斷，出現人身危險時，身邊人不要跟著一起慌張。直接陪伴、聆聽，可以紓緩對方情緒；言語要簡單直接，也可用言語以外的身體動作輕輕引導，眼神堅定，語氣平穩，視乎需要幫忙。

我看見女兒鎮定下來，也就放心回去探親友。

一餐飯　食好啲

「社區、醫院、屋企三邊跑，這樣的天氣也太累了吧！」

「無辦法，這就是日常。還有四、五天才可放假。」

「放假要食餐好的做補償呀！」

笑笑口，點點頭，心卻在問：「真要等四五天？接著那一餐可以嗎？」

調校鬧鐘在二十分鐘後響起。

收起手機，放鬆地端坐。

細看面前日常的簡單膳食，慢慢地吸氣，呼氣。內心對自己說：「準備吃飯囉。」

再吸氣，知道在吸氣，聞到食物的香味。呼氣，知道自己在呼氣。

張開眼睛，看到食物的形狀，醬汁的顏色，濃與稀。

端起碗筷，感恩大地、蜜蜂、農夫、廚師……他們成就了這碗中的食物。

放一口米飯入口，知道放了米飯入口。

放下碗筷，大約咀嚼三十次，知道自己在咀嚼。

舌頭在攪拌，知道食物是否咀嚼充足。

嚐到這口飯的味道，知道自己在吞嚥。

拿起碗筷，放第二口飯餸入口。

放下碗筷。

一面意識呼吸，一面咀嚼。

發現不用數算咀嚼了多少次，舌頭與食物在口腔內互動的感覺，都可以知道是否咀嚼充足，是否適合吞嚥。

合上眼睛，單靠舌頭品嚐，也可以知道這

一口食物內有什麼食材。

一口、一口地食。

感受到正在照顧身體，滋養身體。

觀想碗中食物的來處、經歷。感恩太陽、雨水、微風、蜜蜂、蝴蝶、泥土、蚯蚓、細菌，自下種前農地的預備，下種後日復日農夫的照顧、物流運輸、廚師、職工們……的付出，他們供養了這刻自己的身體。

我適量進食，保護地球。

受用了這食物後，我準備運用這身體回饋供獻什麼呢？

手機鬧鐘響起，收拾完成這好好的一餐。

白露。

晝夜溫差最大，
清晨的露水在草葉面上，
凝結成一層白白的水滴。

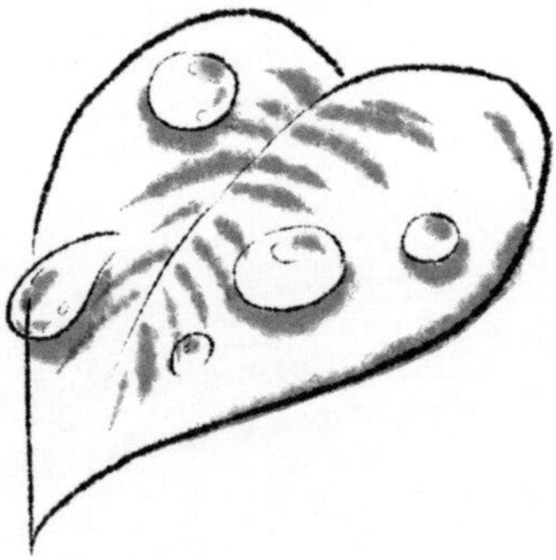

「我等飲湯！」

傍晚，李太在廚房忙著做一家人的晚飯。這邊材料剛放落湯煲開始煮，那邊用糖、素蠔油炆猴頭菇，馬上又把蘿蔔切成長方塊。

李太心中盤算：「豉汁南瓜猴頭菇、蘿蔔香芹枝竹炆豆卜，仔女今晚放工回來吃飯，一陣要炸他們愛吃的素叉燒。四個人，三餸一湯都差不多了。」

李先生在家寧養，小睡剛醒。慢慢扶著傢俬行到廚房門口，手扶著門框，稍稍抬了頭，彎曲的腰略為挺直，但雙膝還是微曲的。他對太太說：「今晚煲什麼湯？」

「天氣乾燥了，你又成日話食西藥食到好口乾，今晚飲粉葛赤小豆粟子粟米湯。啲細路今晚返來吃飯。」

「唔……飲得未？」

「未得呀！要煲一陣的。」

李先生慢慢走去打開飯煲，用筷子拌了幾下：「飯太軟！」

「焗到開飯，啱的了！」

「水太多！」

李太不作聲，開始炸素叉燒。李生坐在爐旁看著李太在忙，說：「我等飲湯！」

「好呀！你等吓，小心熱油彈到你。」李太同時忙著炒南瓜，眼尾望一望鐘，心想：「要快手啲。」

李生依在雪櫃旁坐著，雙眼下垂，有點疲倦。

「你返床休息啦！」

李生張開眼撐起身：「你煲飯落太多水啦！

煲湯飲得未？我等飲湯！」

李太胸口一鼓熱氣衝上來，正想衝口而出，望一望李生——他也望著她。

她腦裡浮現的念頭：「我倆同修這麼多年，若然面前是位未來佛，我現在為他煮齋，豈不是在供佛？」她一下子怒氣全消，笑笑口說：「好呀！煲好叫你。」

已經唔想食

曾媽媽的腫瘤長在口內咽喉，莫說一般固體食物、軟餐、粥餐甚至奶類和清湯，吞嚥都有困難。

很多人傷風感冒時，喉嚨扁桃腺脹大，都會體會到吞嚥感覺困難，曾媽媽卻是情況一天比一天惡化，要用特幼的鼻胃喉灌食營養奶。其他病友開飯，曾媽媽眼望望，除了看著別人的食相，就只能看著我為她準備吊奶，調節滴速，她就這樣留在床上，百無聊賴地等。

「曾媽媽，你喜歡吃糖果嗎？我請你吃棒棒糖呀！我有很多種味道呀！」

曾媽媽笑笑口，電療過後聲音似大傷風鼻塞，加上舌頭運動不太自如，口齒不太清晰但她仍很努力地對我說：「不用了，口腔、鼻子因為之前電療的關係，已經無口水，亦失去了味覺和嗅覺。」

「噢，所以你根本吃不出棒棒糖的味道。」

「係呀！同放牙刷進口差不多。」

「無口水，棒棒糖不會溶，硬硬的，碰到口腔內的腫瘤還有機會出血！」

「算啦，我都不恨食了。」

「嗯，不如我逐步逐步放手給你試吓落奶呀？」

「哦，我唔知做唔做到嗝！」

「你睇吓我點做先，睇到你有信心想試時再同我講，逐步逐步望住你，放手給你試試？」

「好呀。」

如是者，幾天後，差不多整個程序都上手了。慢慢地，曾爸爸、曾小姐在旁看著看著。

「你們都一齊學啦！除了可以幫吓手，互相提示，幾時媽媽累了，你們都可以幫她落奶和落藥！」

「嗯！」

曾小姐嘗試除去藥丸的膠囊：她站在床邊桌旁，低頭注視著那幾粒膠囊藥丸，拿著那膠囊的雙手在抖，九牛二虎都沒法把膠囊鬆開。曾媽媽著急，曾爸爸慢動作地在旁候命。於是曾媽媽火了，曾小姐放棄，曾爸爸從容地接手。

曾媽媽咕嚕咕嚕，曾爸爸氣定神閒，曾小姐：「安姑娘，真不好意思！要你聽他們發牢騷！」

「不會呀，你們都可愛呀！」

曾爸爸：「唔係咁，幾十年流流長點過呀！」

我忍不住笑了一聲：「你睇你爸媽可愛到呀！」

曾媽媽亦在笑。

有人說：「乜都唔使做，最好連飯都有人餵。」然而到了只能吃奶飲湯時，就算「吊奶」，都情願自己做。

食咗都會嘔

家屬慌張地跑出來找護士：「姑娘！姑娘！快！快！」連忙走過去，她指著丈夫旁邊的床：「隔鄰那位梁伯好似在嘔。」

梁伯？他已經開始昏昏沉沉意識模糊的了。

梁伯的嘔吐物在口裡，他連吐出來的能力都沒有。嘴裡全是碎了的固體食物，若用抽痰的管子去抽，食物的粒粒會把管子的孔塞著，抽不到，唯有用洗口棒把口裡的髒物挑出來。

「梁伯！你張開嘴巴，姑娘現在幫你洗口。」

梁伯皺起眉頭，舌頭在嘴巴裡左搖右擺，他沒有把嘴巴張開，幸好亦沒有咬緊。直至把髒物洗出了，梁伯的眉頭才鬆開。

我們一直都重複地提醒家屬們，叫不醒來，就不要餵食，就算醒了，以梁伯的情況，亦只可以是糊仔質地的食物。

第二天，梁太和子女來探梁伯。梁太問起梁伯這段時間連平日最愛吃的都吃得不好，可否吊水幫他。

「食物進入身體，要經過消化吸收才能滋養運用，補充身體損耗。當梁伯身體功能下降到消化吸收不了，進食只會加重身體的負擔。這在晚期病者不能醒來吞食，已經是以身體的方式去表達的訊息了。以梁伯目前的情況，醒了極其量只能餵一兩口，兩三口糊仔，滿足一下他的口慾，不能勉強去餵。」

梁太說：「我們昨晚把他最愛吃的餸剪碎餵他，他都吃了。」

「可是在你們離開後，梁伯嘔，但不會吐，

嘔吐物在口裡，太乾流不出來。幸好及時發現，用洗口棒清洗掉，其實這有點危險，梁伯當時皺緊眉頭。」

梁太再問：「那麼可以吊水嗎？」

「梁伯手腳和身體都腫了，吊水的幫助不大，相反會加劇水腫的情況和不適。看著梁伯日漸病重，你的心一定很不好受了！」

梁太握著梁伯的手，子女在旁拍拍梁太肩膀。

梁太說：「看著他，什麼都幫不上，很無助，心很不安樂。」

「梁伯現在完全失去自理能力，有什麼不適都不能表達出來，其實是很需要別人幫助的。他身體的痛症不適等，我們醫護人員會盡力幫他控制住。其他的個人護理都很需要大家合力幫手的。例如：平日我們幫梁伯洗頭沐浴，每四小時轉身換褊。梁伯的皮膚乾燥。你們可以用濕毛巾幫梁伯抹抹面、抹抹手腳，薄薄的塗上潤膚霜，待吸收了可以重複再塗。鬍子、指甲長了，幫他修剪。口乾了，用洗口棒幫他洗口刷牙，塗上潤唇膏。這些看似簡單的事情，卻是梁伯需要我們大家主動代勞的。」

煮飯以外

「心好煩！頭好痛！」

「頭沒事吧？」

「無。老伴已經是末期，最近入了院，這關看來會很難過。」

「他已經入了院，你還在煩惱什麼？」

「我唔知仲有什麼可以幫他！」

「你看他最需要的是什麼？」

「當然是食嘢，食唔到嘢，唔撐得幾耐呀！」

「你有無問他最需要什麼？」

「他說最想我探他，不在乎能否食嘢。」

「醫生點講？」

「醫生話現在他的病已惡化、轉移，器官功能衰退，無法運行，問題並不在於有無營養。就算現在吃不多，甚至吃不到，身體還有儲在脂肪和肌肉內的養份可以用。」

「咁即是話，煮些什麼、煲些什麼給他不再是重點了。所以你煩惱緊唔知可以做些什麼？」

「就係啦！」

「又真係幾煩……你除了煮食，還有什麼強項？」

「一把年紀的師奶，仲有什麼強項呀？」

「諗吓……你老伴欣賞你什麼？他讚過你什麼？」

「……讚我煮的飯餸好食……」

「仲有呢？」

「讚我整理屋企好企理……」

「仲有呢？」

「讚我按摩好手勢……」

「仲有呢？」

「讚我細心有耐性……」

「仲有呢？」

「讚我唱歌好聽……」

「仲有呢？」

「無啦！就算有都係以前的事啦！現在又有乜用啫？」

「又唔係咁講喎！佢現在唔想食嘢啫，無話唔想你幫他整理病床和桌面上啲雜物喎！」

「……唔！」她點頭。

「佢也沒說不想你幫佢按摩喎！」

「……唔！佢啲鬚都有啲長了，佢貪靚愛整潔，我可以帶鬚刨來試吓幫他剃剃。」

「好呀！」

「我可以問吓姑娘可唔可以推他出去花園，曬太陽。」

「好呀！」

「我仲知佢鍾意聽亞女拉小提琴，同會掛住隻狗多多……」

你的強項、被欣賞的地方，總可以令別人生活得好一點。在不同的階段中，找到屬於你的崗位，發揮好這一點點，和其他人互相分擔扶持，彼此交織，開開心心，演好這一台戲。

帶甚麼食物到醫院打氣？

當我們準備帶食物去醫院為親友打氣時，有甚麼要注意呢？

首先，因應不同病情會有不同的食物宜忌。這可先問病者、當值醫護人員和留意床頭牌的指示。他有咀嚼、吞嚥困難嗎？無牙不一定有困難，有牙亦不一定無阻。上次可以不代表今次亦可，不能想當然。

對有吞嚥困難被建議要用凝固粉的病人要份外留意：偷偷不落凝固粉大口大口飲時很爽，當誤入氣管造成發燒、多痰、肺炎時……唉！有替代方法嗎？可考慮加米糊或用做羹、濃湯、布甸等方法。回歸第一句，要因應本身病情。

水果：一般大院中央廚房間會供應蘋果、橙、梨、蕉一類。想要給病人多點選擇就可考慮帶別的。

餸菜：公院絕少供應牛肉。魚多是蒸煮無骨魚柳。蛋多為蒸水蛋，間有烚蛋。豆腐亦是清蒸加醬汁。豬和雞較多提供，煮得較多。瓜和菜類亦多清煮。一般濃味的做法較少，所以可根據病人個人喜好，考慮以其他做法和食材烹調食物增加食趣。

份量：最好能在探期離開前吃完並自行清理最佳。萬一需要留下，則以少份量分壺為合。常見病人開過甚至吃幾口，又不捨得棄掉要留在保溫壺內數小時後又再吃。吸引小昆蟲、出水，最後落得棄掉事少，變壞吃下肚子事大。

擔心早吃晚餐夜了肚餓？獨立小包即開小食，紙包飲品，種類多樣，鹹甜各異，較易處理。

醫院病房病菌較多，奶製品、忌廉蛋糕、雪糕、汽水一類要注意運送途中的儲存。要即開即食，不要留到另一餐。魚生、刺身、壽司一類宜即製即食的，還是可免則免吧！

病人口味、食量變化可以很大，照顧者很多時專注照顧而忘記了自己。如果帶去之後病人吃不了，便好好的自用吧，你亦是值得被愛錫的！

親愛的，多吃一口吧！

為患重病的親友準備食物時自己是帶著甚麼的心情和期望？

「我希望他能康復……我想他能吃光光……」

病者身體的當下卻是怎樣呢？

昨晚一夜無眠無胃口、整個人累到無力食；很熱氣口損了、食物入口就只是痛、牙肉腫脹／收縮，假牙不合用了、無口水，食飯如食沙；味覺變了，所有食物都很甜／酸／苦，連清水的味道也變了。消化道由入口至出口有任何的阻塞，不論是腫瘤、便秘、腹水甚至腸胃罷工。藥物副作用、痛、氣喘……任何一種都影響胃口。

還有病人的心情困擾：患病以後，健康不再。對過去的種種內疚，現在的種種受限，未來的種種憂慮。身體上的、工作上的、經濟上的、子女的、配偶的、雙親的、照顧上的……眼前同房院友病友所遇到的，死亡原來那麼遠這麼近。從前忙得無時間去想，現在閒得只剩下想……任何一種都可影響胃口。

病人原本每餐只吃兩湯匙，今晚探病時吃了六湯匙，家屬滿心高興地離開。然後之後一兩小時，病人吐得眼水直流，眼瞪得大大。為甚麼呢？

「他們工作了一整天，外面還下著雨。他們自己都仍未吃晚飯就帶一袋袋以往我愛吃的來。我不想他們失望。我想他們可以安心地早些回家吃飯、休息。我叫他們放下就離開，但他們卻又不捨。所以……我吃，盡力去吃！」

當全家人都只能餵到嗜睡的病人吃半碗、三份一碗。只有家傭姐姐可餵到一碗。姐姐就受命每餐一定要餵一碗。當某一餐吃不下一碗時，被強飼的病人有能力反抗嗎？

適切的活動有時可提升食量，但以不過累為度。當患病、老化、消化機能衰退，本身可承接受用的就自然地減少。人就由固體食物退回半固體、糊餐甚至流質。份量由一碗減至半碗、四匙、兩匙。想增加整體進食量只可少食多餐。扣除晚上睡眠外，每一兩小時一口兩口，甚至更少，要以餐後沒有嘔吐、肚脹不適作考慮。

在餐桌前可以自主選擇嗎？食物的色、香、味，精緻的餐具，環境氣氛都可以提升食慾。有時即使食量受限，其實亦可無阻享受食物的美味。盡情咀嚼品味以後吐出亦是一個選擇——「很怪相呢！」可是品酒師、各種食品、雪糕研發部的品味師、食評家都是以舌頭去品味做職業呀！

席間親友輕鬆吹水，愉快的氣氛，人生低潮中自由宣洩鬱悶苦水，彼此的接納連繫，美好的回憶……終於等到女兒出嫁、媳婦入門、添孫百日宴……太高興了，有片刻忘卻了疾患，吃多了之後或有引致不適。只要病者是願意的，覺得值得的，照顧者抱著同行的心態，不用自責。

「你估我真係咁鍾意食佢煮嘅麵呀……我係想見多你幾面咋！」你想藉食物帶甚麼訊息給重病中的他？患病的他吃不吃得下都好，他內心又有甚麼心意想你明白呢？

秋分

陽光直射赤道，
這一天晝夜均分，
白天黑夜的時間一樣長。

唔想再食藥

「我很清楚病到了晚期，預了要抱著大包小包的藥丸過日子，但是可以的話，真係希望可以吃少一粒得一粒。」

在這告白的背後，可能是吞服藥物時的各種困難；對將來無藥可用、成癮的憂慮；擔心藥物的副作用會使身體更差；害怕被醫生責罵；積極地想出充滿創意兼可能潛藏危險的解決方法……如果未能聆聽清楚疑慮的根本，彼此就易捉錯用神。

有時疑問憂慮太多，亦要經歷多次溝通才可以逐步弄得清楚明白，理解消化。要掌握問題的根本，往往像在一層層的掀洋葱，福爾摩斯的偵查，最後才能達到較理想的效果。

「你講話希望吃少一粒得一粒的原因是……」

「因為一次要吃十幾粒藥很要命呀！有時候個人很乾、藥丸很大粒，吞過了喉嚨，卡在食管條頸裡面，有時沖水都唔得，要等它溶，那時反上來的苦藥味，真係有苦自己知。」

「你這裡有些無特別註明空腹服的藥，可以留在餐後服？未來得及用餐的話，可以先來一件餅、一片包。吃過一點東西後，喉嚨就無咁乾。當然是指有些水份不太乾的食物，而非淨吃很乾很乾的東西。

至於要空腹服的藥，可以先來幾口暖水。細口細口的，每口含在口中，很慢很慢地嚥。目的是先滋潤一下喉嚨食管，無咁乾便易些落。

你這些藥有些是可以調動服用的時間，

由早上改中午或下午而不影響效果的。調配之後，分均不集中在某一個鐘數，便可避免一次要吃很多粒藥。其中有些可以由早晚一次每次一粒，集中為每日一次每次一粒整天份量的。當然這些改動要問清楚負責你的醫護人員。

有些藥物除了丸劑亦有水劑。有些丸劑可切開甚至磨成粉服用。苦味的問題可以加濃縮果味的糖漿稍為調和，又或者與可併服而本身有甜味的水劑藥物一起服用。先苦後甜或會比先甜後苦易吃些。

利用吸管，避過舌頭味蕾，亦是方法之一。本身無吞嚥問題，把藥藏於小片糕點之中送服亦可。

以往長期吃開的不同科目處方的藥物可以順道一併評估，看看可否精簡合併。預見有這麼多的考慮和改動，若安排到你入醫院調校，每日有醫護人員觀察。

覆診時見醫生重新處方整份藥物後，再有任何服藥的困難和疑問就要如實講出，和醫護人員商量啊。」

口乾好辛苦

陳伯坐在床上，戴著氧氣喉，細說他響應國家，離鄉別井去了另一個省市參與水利工程。他一直用口呼氣，張口吸氣。

「我把我的黃金廿年供獻給國家。接著陸續安排家人和自己來港生活。回顧自己一生，對國家作出了貢獻，對家庭盡了一份承擔。到目前亦再沒有什麼要求。」陳伯雖然喘住氣，但見到他仍要抓住可以傾說的機會。

我坐在床邊望著他，一邊點頭：「你有很多人生的經歷很想和別人分享。就算氣喘亦阻止不到你。你有很強的意志和信念。」

「我沒有信什麼宗教，話有信的便是毛教吧！一直接受毛主席的思想教導。我什麼都看透了，亦對得住自己良心。」長年累月的磨練，陳伯自有自己的一套。

「你氣喘要按鐘叫人幫手呀！」

他雖然在我眼中氣喘如牛，回應卻是豎起了一隻手掌：「得！得！得！」繼續用口吹氣去作調息。

有幾次他喘到睜眉突眼，上半身隨呼吸高高低低，亦無按鐘求助。我發現後趕急察看氧氣喉管的接駁是否正常，著他鼻吸口呼。隨手拿起枱面的噴霧器幫助他吸入氣管擴張劑。

「我同你打少少針藥啦！」

他揮手拒絕。

我很焦急：「你回不到氣就什麼都完了！」

他揮手要我走，眼睛睜得更大地望著我。

這刻我唯有站在旁邊看著他：「OK，OK，知道了！你不要打針，我不惹你動氣，你慢慢調伏，慢慢調伏。你想打針再做手勢給我知。你繼續用鼻吸口呼吧。」

他聽到我讓步，才垂頭專注調息。

他稍為紓緩的時間，我問：「陳伯，我見你喘起來的時候辛苦到咁，你咁抗拒用嗎啡的原因是什麼？」

「我一用就會好口乾。」

檢視了陳伯的口腔：「雖然你已有用醫生處方的漱口水，可是你全日二十四小時都要用氧氣，睡覺時甚至要用口罩呼吸機，加上天氣乾燥和西藥，真係會特別易口乾的。你有什麼食療湯水可以滋潤吓？」

「……雪耳……花膠……唉，不過算啦，不要求啦。」

「雪耳較易處理，亦經濟些。唔……你以前飲不飲中國茶？」

「很久無飲了。」

「普洱？香片？」

「普洱。」

我同時找家人談，看看可帶什麼湯水、薄荷糖之類來，也看看手上有什麼……「我找到兩個普洱茶包。你試試看。」

「今天××堂的番茄魚湯和蓮子百合糖水。你揀哪樣？」

如是者過了幾天

「你的口乾好些嗎？」

「好很多了。」

「那麼，若果醫生覺得嗎啡可以幫到你的話，就試試看吧！」

「OK，OK！」

硬頸的背後

拿起電話，致電陳伯的女兒：「你好呀！你是陳××嗎？」

「是的！」

「我係××醫院××病房的安姑娘。你是陳大文伯伯的……？」

「我是她女兒，爸爸怎樣？」

「請放心，他現在無生命危險。我們想同你傾傾他的情況，可能可以幫到陳伯。現在方便和你談五至十分鐘嗎？」

「哦，都可以的。」

「你爸爸有時候因為要便便、沖涼，或者想落床企吓、沿床邊行幾步……就會氣喘得很厲害。我們想加藥，但他十分抗拒。他有向你們提過背後的原因嗎？」

「是嗎啡嗎？」

「是的。」

「他說過嗎啡令他很口乾，所以情願氣喘。他在屋企時，我們見到他喘到滿頭大汗，勸極他都不肯加藥，有時仲會自己減藥！他話自己久病成醫，硬頸到死，好唔聽話。激鬼死你！現在連你哋醫生姑娘講都唔聽，唉！」

「他的氣喘若控制不好，終有一次『狼來了』，回不到氣就完了。這情況可以是三五分鐘內的事，你們是來不及到他床邊的。」

「你們可以不理他講什麼，反對什麼，直接施針藥呀！」

「陳伯現在仍神志清醒，思路清晰，這樣做會惹他動氣，氣喘更加劇。長遠一點，也會破壞彼此的關係和信任，令他更抗拒日後的治療和照顧。」

「我真係無計。」

「以往不時聽到病人投訴藥物引致口乾，不想用藥，但未至於氣喘至滿頭大汗仍會不使用的。可能陳伯原本已有其他一些情況導致他口乾，再加上他留意到自己對這藥的反應，最終令他選擇情願氣喘。」

「如果有方法幫他無咁口乾？」

「或者會無咁抗拒用藥，氣喘會控制得好些，日常活動都可以自由些。」

「我們可以準備一些湯水帶給他嗎？」

「可以的話，那太好了！他有提過雪耳、花膠。」

「好，等我再WhatsApp他問他想飲什麼。」

「你爸爸其實好叻，透不過氣的感覺就似一個不懂游泳的人掉進水裡。他沒有發亂拔去氧氣喉、沒有亂動爬落床，更沒有鬧情緒向其他人爆粗。不聽話其實是他病久了，憑自身累積的經驗去令自己舒服一點。要讓他知道，我們大家和他是同一條船。理解他的想法，事情或者會輕鬆一些。」

為何掀被子？

「姑娘，我不能夠常來探我先生，你們可以幫我多留意他嗎？」

「可以呀！有什麼地方你想我們要多加注意嗎？」

「這兩次來探他，總見他光著身子，被子掀開堆在床邊和床尾。」

「你見到一定很擔心了！」

「當然啦！」

「我和你一起去看看好嗎？」

「好。不過我都已經剛替他蓋上被了。」

我們去到張先生床邊。

「唔，他的被子蓋得厚厚緊緊的。」

「是我來到才幫他蓋上的，他的手腳都是冰冰冷冷的呀！」

「是嗎？讓我摸摸看。」我一邊摸一邊向張太説：「哦，張生的手不止冰冰冷冷，直情有股寒氣滲出來似的，而且皮膚冒汗，雖然今早才洗澡過，摸上手，仍然黏糊糊的。」

「就是啦，所以我想你們留意替他蓋被子。」

我再摸摸張生胸口：「張太，你摸摸張生胸口看看，有些熱。」

「係喎！」

「我們再摸摸他頸後位置。」

張太一邊摸，我一邊説：「張生頸後的位置亦很熱，出汗到衫都濕透了。讓我替他量量體溫看看吧……37.5℃，微燒。」

「我也覺得奇怪，他過去不反瞓的。我不斷給他蓋被，不一會他就踢開。」

「很多病友到了日子倒數時，很常出現這種

現象：若不蓋被子，體温會回復正常，他並不是真發燒。他四肢冰冷，亦不表示不夠暖，而是日子倒數時的一種表徵。」

「蓋被又不是，不蓋被又不是，我應該怎樣做才好呢？」

「是的，畢竟現在的身體情況，和以前幾十年來身體健康時的表現有所不同，一時之間真會感到無所適從。」

張太點著頭，沒有說話。

我等了幾秒後問：「你有什麼話想講嗎？」

她搖搖頭，一臉無奈：「無。」

我說：「張生出了一身汗，不如我拿一套乾淨衣服、大毛巾來，你替他抹抹身，換過乾爽的衣服，讓他可以舒服些好嗎？」

「好呀，讓我來吧！」

「好呀，麻煩你！清潔過後，只要身夠暖，四肢冰寒的話，就穿上厚襪子、手套，或者局部蓋上被子。」

「可以用暖包之類嗎？」

「由於他們難以表達，肢體活動遲緩，用暖包有燙傷的危險，不建議使用。」

「明白了，那麼就在手腳上先蓋好被吧！我下次帶羊毛襪來給他。」

抹身傳送愛

老朋友來電：「屋企人入了醫院，他好想沖涼但唔沖得，我在醫院復康店買了些抹身的紙巾，但凍冰冰點搞？」

「好似大包濕紙巾那種？你看看包裝有無寫可以整包放入微波爐叮幾多分鐘？預熱了就可以用。」

「好似好方便，但是在醫院內哪裡有微波爐呢？」

「你去到，問問同事可否幫忙預熱吧。」

「如果不想麻煩他們，還有什麼方法嗎？」

她的聲音低沉下來，隱隱藏著無助和顧慮。

「這個……要同你一齊諗吓……」

大家靜了一會，我再説：「唔……可否預先預熱，再用保温袋帶去？」

「帶壺熱水，帶盆去到助熱？」

「又或者用熱水袋暖住，放保温袋帶去。」

「問職員取盆和熱水助熱佢。」

「或者用發熱貼貼在抹身布包外加熱……」

「用暖蛋。」她突然笑了出來：「我想起那次一起去旅行的事。」

「我也是。你鬼主意多多，什麼事都難不到你。」

「唔好講笑啦，講正經呀！仲有什麼要注意嗎？」

「我好認真喋——重要的事情輕鬆做！要注意風口位置，中央冷氣，調校不了。皮膚濕潤吹風就容易會凍，所以要盡快抹乾和蓋好。」

「我未做過，點都會手忙腳亂，實慢。」

「若果分段抹，你就不用太趕，亦可以看看

你屋企人可以承受多少郁動。」

「都是，他可能一郁就痛和氣緊。」

「開始前就不妨先問問，是否需要止痛藥止喘藥打定底先。」

「其實都有點驚……」

「凡事都有第一次，開始前通知當值醫護人員一聲，動手前亦先看看屋企人身上所有接駁的外物。但凡有滲漏鬆脱，或者有懷疑的都先反映。」

「唉，聽完真係有點驚㗎！」

「其實固定好的並不是那麼容易鬆脱，只是動手前先逐一看清楚。」

「現在心大心細。」

「若果親人很虛弱，抹身的重點是在過程中，令他感覺到被家人呵護愛錫，不是一次過全身都抹得乾乾淨淨、徹徹底底的，現在不是年尾大掃除洗廚房、洗廁所呀！」

「你又來了！但係，可以咩？」

「病弱中的他若果不想多聽或多講話，你就算只是清潔雙手或者雙腳，輕輕手好似同嬰兒清潔般，邊做邊用歌聲、婉語呵護。清潔完用他用開或喜愛香味的潤膚乳、香油按摩，透過皮膚親密的接觸，傳達這刻你對他心連心、深深的關愛包容、同在同行。」

卧床怎樣剪髮？

「早晨呀！上次同屋企人抹身OK嗎？」

「還可以。只是未曾熟習步驟，基本上還是可以的。他說之後舒服多了。」

「很好呀！聽到你有信心，這很好。」

「今次我想問吓怎樣打理他的頭髮。他卧床了一段日子，頭髮乾乾巴巴的，後枕的打結很厲害，我很想和他洗頭，可是他長期卧床，我可以怎做呢？」

「他想剪掉嗎？」

「他想。」

「他對髮型有要求嗎？」

「唔……他說過後枕長期墊有枕頭，後枕和頸易出汗。我諗如果剪……或者剷青吧。」

「病人體弱，頭髮一般生長緩慢，剪之前不妨聽聽他的意願。」

「其實剪頭髮這方面，我亦是生手。問了他的意願，自己卻做不到，豈不是徒添壓力，問來有意思嗎？」

「若果以前從沒替人剪頭髮，自己又是屋企人，大家都心裡明白現在是『事急馬行田』。拿剪刀的、被剪的，或者旁觀的，如果要求理髮店效果，那的確是自找煩惱。」

「之所以仍去問，重點是？」

「即使到現在這一刻，家人還是看重病者的意願，讓他感受到被尊重。當然亦有家人因此而去學剪髮。」

「真要剪了，臥在床上，可以怎做呢？」

「和抹身一樣，剪髮、洗頭是可以分階段完成：

先用即棄乾身抹布，圍著頸；再把兩張長鋪枱的即棄白膠布疊起來，正中間開一個洞口；讓頭部穿過後，用膠紙把膠布的洞口固定貼近頸部——白膠布隔開枕頭和頭，同時鋪在身上。

病人用轉半身，剪完一邊，把最上層的膠布蓋在已修剪掉的頭髮上，攝在後枕以下。病人再轉另一邊，重複並完成後，把最上層的膠布蓋在已修剪掉的頭髮上，攝在後枕以下。

躺平，正面再修剪，用梳梳好，最後把底層的枱布一邊卷一邊收。剪出的頭髮就這樣收納在白膠布裡。之後可以用紙膠布，黏走床單枕頭上的頭髮碎。」

「我要消化一下。」

「你單靠我描述，是要先重複想像一下整個程序。不用心急，反覆想像多幾遍，就會明白了」

「我在諗……圍上白膠枱布之前，先用乾身抹布圍頸不太繁複嗎？」

「目的是把近頸的髮碎黏著，方便處理。你想到其他方法，不妨實踐一下，再互相交流心得呀！」

「聽落，似乎又可以不急於剪後馬上就要洗頭，而且打結的頭髮不剪掉亦很難梳洗。」

「對呀！整個過程要以病人可承受為度。放輕鬆，試試看。」

卧床怎洗頭？

「今次我想問吓點同屋企人洗頭。雖然醫院都有同他洗頭，不過始終要輪好多日有得沖涼才有得洗頭。我想趁探訪時幫他洗。」

「很好，相信屋企人洗完頭之後，一定會舒服很多。」

「但係應該點做呢？」

「上次你已經修剪他打結成塊的頭髮。現在即使繼續卧床，後尾枕易打結的問題已經解決。打理亦輕易得多。」

「應該是的。我把後枕的頭髮用電剪剪得短短的，差不多見青；頭頂後方的頭髮則修短一半；左右兩旁，大概及耳的長度。」

「你有拍照嗎？可否傳給我看看？」

「有呀，現在就傳給你。」

叮咚。

「清湯掛麵，齊齊整整，正面看上去就是個小學生的髮型，很可愛！」

「他的頭髮病後不再濃厚，不用偷薄。雖然不能算得上美觀，仍算順眼。」

「嘩！生手來說，仲要是卧床去剪，就算是正式理髮師傅，都要停一停諗諗點剪，你對自己的要求很高！」

「這是自己屋企人，現在很多事情都做不到，做到的當然要做到最好啦！」

「他喜歡這新髮型嗎？」

「他瞪大眼睛左右仔細望，之後沒有說什麼，又合上眼睛了。」

「能夠讓他提起了一下心情，很好啊！亞冰，我很欣賞你這份承擔。尤其是對於不熟悉但又需要做的事，願意承擔。剪髮可以是吃力不討好的。」

「不要再講我了，快教我怎樣洗頭髮吧！」

「好好好。坊間上林林總總的乾洗頭髮用品很多：泡沫、噴霧、凝膠、紙巾型、洗髮粉……你到商場買染髮用品、剪髮用品的商店，或者護理用品的地方亦可以找到不少。」

「就是種類太多而且亦不知是否合用。一來不想浪費，亦想盡量節省金錢。」

「那麼你可以照用上次的抹身紙，又或者用一盆稍熱的水，一小撮一小撮地刷洗頭髮，」

「我需要落洗髮精嗎？如果不用洗髮精會乾淨嗎？用了又需要過水？擔心在醫院會太過麻煩，亦怕屋企人太勞累承受不了。」

「你開始之前，可以先向你的屋企人和當值醫護人員了解當日的狀態。洗頭的程序同樣不用一次便要完成。不論是你自己或者是屋企人，感到吃力時隨時都可以中止的。你可以在水盆中加幾滴洗髮精、沐浴露等，不用多，沒有泡泡亦可以抹洗得乾淨。

用一把疏齒的梳，沾一沾盆內的水，一小撮一小撮地梳理頭髮，再接著一小撮一小撮地抹拭，然後抹乾——關鍵是一小撮一小撮地抹。

抹身紙用完之後，這種抹拭的方法亦可以用來抹身。如果你屋企人喜愛花露水，亦可放一點在同一盆水中，不用過水。不過水髒就要換。

你可以一邊和他傾偈、談心、分享你生活的有趣瑣碎事、唱歌……」

「如果他有精神的話，我反而想知他拿手的葡汁雜菜煲食譜。」

「好呀，要話埋俾我知，OK？」

「不會少你一份的！」

寒露

氣温比白露時更低，
地面的露水更冷，
快要凝結成霜了。

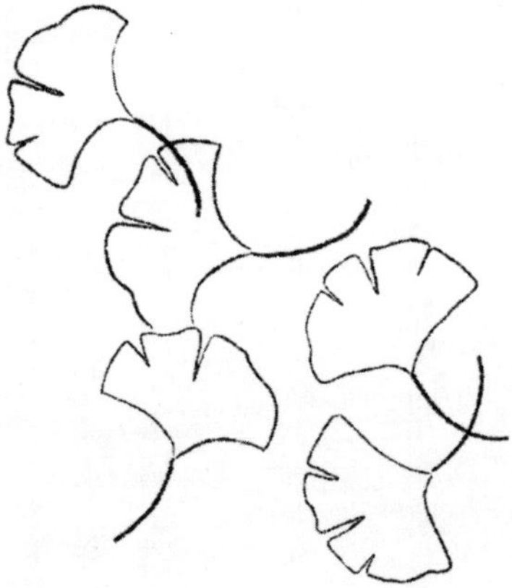

半夜，按不按鐘好呢？

有次我單獨與家屬交流，大家姐說：「其實亞妹瞓得唔好。」

我問：「哦？點解呀？」

「她急尿，又唔想小便，怕條褊濕住未有得換，唔舒服，結果忍咗三個鐘。」

「吓！要告訴她可以按鐘叫人換褊喎！」

「我也這樣說，但她說那晚已按過一次鐘叫人幫，唔好意思再麻煩你們！」

「唔！……她是否亦一樣怕麻煩家人？」

「好一點，但基本上都是怕麻煩人。」

「看來妹妹對患病後身體的轉變，需要一些時間適應。在接受別人援助，以至主動提出求助，似乎亦有些心理關口要過。」

之後，大家姐返回妹妹床邊。我過了一些時間後問妹妹：「昨晚睡得好嗎？」

妹妹望望大家姐，大家姐望望妹妹，大家姐說：「她怕尿濕不適，忍了三個鐘，所以瞓唔好！」

我問妹妹：「你有需要可以隨時按鐘，雖然半夜的工作人手少一點，也許要稍為等等，但總會幫你更換的。」

妹妹說：「我當晚已按過一次，而且之後亦已幫了我。見到你們半夜都忙……不好意思再按。」她越講越細聲。

「你自己有需要幫忙，仍會體諒別人，真的好善良，好抵錫！」我點點頭：「不過聽你所講，不用不好意思……咁……若果你見到對面床婆婆突然半夜要爬落床，而她平時都是腳震震行唔穩，你會唔會按鐘叫人呀？」

「會！」

「這是麻煩人還是幫人呢？」

「是幫人！」

「幫邊個人呢？」

「幫婆婆。」

「仲有呢？」

「……幫你們？」

「對呀！而且，避免意外，你連婆婆家人都幫了！」

「那又不至於吧！」

「婆婆住院期間，院友、家屬互相照應，不是減少了婆婆家人的擔心嗎？」

「咁又係。」

「現在需要支援的是你，你想對面婆婆幫你按鐘定你自己按呢？」

妹妹忍不住笑。

「基本上，臨睡前我們會大圍地幫所有病友換褊和用便盆。若你錯過了那時間，又怕尿濕不適不好睡，其實可以按鐘用便盆。如果擔心用便盆要按鐘麻煩人，可以選擇用褊；怕褊濕不舒服，家屬可以為你準備吸水力較強，可以在夜間用。」

妹妹大大的眼睛望望大家姐，再望住我說：「可以嗎？」

我點點頭：「可以呀！半夜四個小時後又會大圍換的了。而且我們無限制你一晚按鐘次數！你有需要就可以按！」

妹妹皺一皺眉：「是嗎？……不過按太多亦不太好吧！」

「唔！……按太多真是不太好的。……但聽完剛才的方法，任你按，你估一晚因為小便的原因要按幾多次呢？」

「跟大圍睡前小便了一次，再用靚褊……一次都夠了。」

「好呀！基本上我們無限你每晚按鐘次數的。現階段每晚給你兩次按鐘小便配額。其他原因按鐘配額十次。夠用嗎？」

妹妹認真地想了想說：「夠了，有多啦！」

我再問：「晚上放心按鐘嗎？」

妹妹點頭，大家姐笑了：「傻妹！」

我亦笑笑口說：「有需要，不妨打開天窗說實話。早日調好身體不適，與家人摸索到日常的照顧細節，便可以安心早日出院，我們和家人都會為你高興的呀！」

忘記已換褊

亞娣婆婆視力衰退嚴重，聽力亦不太好。她不時叫嚷：「尿濕了，快幫婆婆換褊啦！」

經過幾天觀察，亞娣婆婆叫嚷的時候尿褊沒有濕，反而定時換褊時，婆婆說沒有濕不用換，卻已經是濕了要替換的，因為家屬帶來的尿褊較好，尿尿後感覺仍然乾爽。

婆婆不時說：「你哋咁樣對婆婆，無陰功啊！」

先不說這對其他不知就裡的病人或家屬，有什麼影響，對無停手的同事或者照顧者來說，心裡實不是味兒。最重要是亞娣婆婆自覺晚年悲慘。

「亞娣婆婆你有無尿尿呀？現在幫鄰床婆婆換完褊，下個到你。」

「未呀！我急呀！要尿尿呀！」

「好呀，你尿尿啦，你尿尿完，我們亦同隔離婆婆換完就同你換的了。」

「你唔好催我呀，我心急會尿不出來！」

「唔催你，同你唱支歌好嗎？」我一邊和隔離床婆婆換褊，一邊開玩笑，同事也笑了。

「我尿尿完啦，同婆婆換褊呀！」

「同人換完要洗淨對手，先同得你換㗎。」

在換褊期間，我說：「姑娘同姐姐應承了你同你換，有無守諾言？」

「有呀！」

「嗱，記住，我轉頭會考吓你記性，現在是下午四點，同你和其他公公婆婆換完褊，跟著我們要去煮晚飯啦。你悶唔悶呀？我開個收音機你聽好嗎？開得飯再叫你。」

「好呀，你去煮飯啦！我尿尿濕了再叫你！」

「好呀！我們大家吃完飯，八點再同你換，換完瞓覺～」

「哦。」

「考吓你，剛剛幾點同你換完褊？」

「唔……剛剛四點換過。」

「一陣姑娘姐姐要去做什麼？」

「要煮飯。」

「好記性喎！咁幾點再換褊？」

「……」

「食完晚……」

「食完晚飯……」

「食完晚飯八點再同你換褊。」

「食完晚飯八點時再換褊。」

「亞娣婆婆好叻！一陣請你食嘢。你要嘉應子？定檸檬薑？」

「我要嘉應子。」

「好呀，食完晚飯請你吃嘉應子。」

一床都是大便

返夜接更，知道下午更除了一輪接一輪的常規工作外，同時收了幾個轉來的新症。

其中一位新病友來到時，表現很混亂，胡言亂語，手舞足蹈，頻放飛劍，身上插滿「天線地線」各式點滴喉管，五花大綁，不時尖叫。

醫生從電腦上查看病歷、用藥種類和份量，評估以現前情況所需要的處方：什麼要加？什麼要減？什麼要新增？什麼要停止？

同事想替他過床，量血壓體温都不是那麼容易，更不用說轉身換褊、打針、從新落藥、移除不再適用的喉管……

一輪混戰之後，家屬知道轉來的病人情況嗎？病歷上寫著已告知女兒什麼什麼。電話接通女兒，然而對患病親人現時情況還有很多不明白、困難、困擾，女兒自己也要同時面對家裡另一位長老的健康和照顧問題；可能還有她自身家庭工作的種種壓力。

病房很忙，不同病格、相同病格內看到的其他病人，一切都得看在眼裡，一眼關七。才剛接更，聽完簡短的重點，已經可想像同事一定忙個不停。「辛苦啦，去ABC吃個宵夜啦！」心裡為他們終於放工舒一口氣。

聽罷巡房，又是新一輪派藥，換褊。

同事突然嚷：「嘩，做什麼一袋抹大便的紙放枱面呀？仲要一床都係紙屑！」

病者：「我七點半已按鐘叫人換褊。你們同事話忙緊，要等等。不過已經漏出來了，唯有自己抹，自己換。」

我上前說：「好對唔住呀，要你等了咁耐。

現在同你清潔。」

同事：「你下次叫同事啦，唔好自己搞啦！現在咪又要連衫連褲連床單都要大換！」

病者：「我七點半已叫，見到姑娘姐姐醫生都好忙，唯有自己動手……」

我心裡想：我們平時每次幫陳伯換褊，他下肢完全無力兼且每次都面容扭曲，身體承受著一定的痛楚。剛才的情況下，想像他當時求助無援，要自己頂硬上，都是迫於無奈的。其實當時即使他不動手，便便已經流出來，始終都是需要大換的。他在這幾個鐘頭是多麼的忍耐和包容。想盡力頂多一陣，都係體諒大家，想出點力，唔係想鬥氣的。

「計我話最好有些什麼魔法咒語，媽尼媽尼媽，乾淨企理就完美啦！」我輕輕與同事開玩笑。

老「還」童，玩便便！

老「還」童被接回家不經不覺一個月了。再次入院時我問家人：「老『還』童除了因為痛要入院，在家一切還好嗎？」

「唉，唔多好！」

「怎樣呢？」

「他不能自理，需要各樣照顧，這是可以理解和接受的。但今期他『玩』挖大便，太不合作，太嘔心了！我更擔心外傭姐姐會不肯留下幫手。」

我口裡回應：「嘩！咁刺激？」心裡擔心：家人當時情緒怎反應呢？

她說：「已經夠忙，又累！本想安頓了他，可以讓自己休息，但只是一會兒，竟然看到他在挖．大．便！」她越講越大聲，眼亦瞪大，手舞足蹈。

我說：「你現在說這件事，仍然很生氣。」

「我嬲到想殺了他！」

「會呀！當其時你真係嬲到想殺了他！」

「唉！之後又死死地氣，和外傭姐姐夾手夾腳大清潔。」

「很生氣，但不忍心看見他污糟，多累都撐住重頭再洗。姐姐是受薪，而你是無償自願的。」聽了我的安慰，她稍稍平復。

我再問：「他挖大便的情況是怎樣的？」

她皺眉：「什麼情況怎樣？」

「例如有什麼共通點……特定時間？」

「他無分晝夜的，隨時隨心就挖。被發現了，也叫不停，挖了還四處塗：手、衫、褲、床、被、枕頭、圍欄、扶手，甚至頭髮、面上！」

「便便頭髮焗油，便便面膜！」我開玩笑，她一臉無奈，我再輕輕作個鬼臉。她終於笑了一下。

「或者他根本不知那是大便？」

「我估他真的不知那是大便！」

「你沒法叫停手，那可以準備好清潔用品，叫他挖嗎？」

「咁又不會喎！」

「你猜是什麼推使他去挖，或者什麼時候他自己停止？」

「他自己挖到夠啦，挖到他覺得舒服了，就自己停囉！」

「喔！換句話說，他是內急，自己排不出，便去挖。覺得不再內急了，便停止。」

「是身體的呼喚，把他變成另一個人。」

「思想變得很直接，很單純的大嬰兒。對便便沒有污糟乾淨的概念，但仍會感覺到舒服和不適。」

「可是，以後怎照顧呢？」

「就像照顧嬰兒般，要記錄大小便，並且看飲水和食物中水份是否足夠。希望所吃的食物、大便藥等，可以讓他輕鬆自然排出大便。另外散步和腹部按摩都會有幫助。既然已入院，就由我們一起調校吧。」

去唔到大便

「醫生明明話我個肺有事。但是現在我便秘更嚴重。我平時都不用聞氧氣，去大便先搞到我要聞氧氣！」

「醫生明明話個肺有事，無論過現在便秘對你日常生活的影響更大。你自己點諗？」

「我想知點樣先可以不用便秘！仲有，我都懷疑我個肺係咪真係有事。醫生唔知會唔會搞錯？！」

「減輕便秘同搞清楚個肺係咪有事，你想解決邊樣先呢？」

「咁梗係便秘啦！」

「都係㗎，這是每日都要面對的事情。而且唔同的便秘在日常的處理都會有些唔同。你而家的便便是硬的還是軟的？」

「唔算硬，唔太軟，成條的，但係就唔夠氣，有時又會硬些。」

「你好醒呀！留意到有時即使大便唔硬，都會因為唔夠氣而去得辛苦，咁所以在基本保持便便軟熟之餘，要諗計仔令自己便便的時候，不會太唔夠氣。」

「你又叫我食藥？」

「藥是你手上其中一張皇牌。有牌在手，出邊張都只是求一個目標啫！牌派到你手都唔要？」

「我試過很多啦，效果麻麻哋。」

「仲要睇手牌是邊個擺，持牌人對個對手有幾認識，知道對手今次點出、點部署。」

「唉！食藥食到悶！」

「仲有好多其他病友分享所用過的方法的。

例如早晨醒來，空肚先飲一杯暖水。」
「聽就聽得多，但係無試過。」
「每天都好好地、慢慢地、一口口細細咀嚼去吃早餐以至每一餐。」
「多數都是很快吃，有時有食，有時唔餓就連午餐一餐過。」
「順時鐘按摩腹部、按摩肚臍左右兩吋的位置。」
「唔……囡囡有同我做過。不過又唔想下下要麻煩人。」
「按體能每日分段散散步，慢慢地轉腰的伸展，不論是站著、坐著甚至躺著的都可以做來刺激腸道收縮推動便便。」
「這個病了之後很久無做了。」
「留意一下這段時間所吃所喝的東西，便秘有時是反映當日以至幾天前的飲食情況。你對不同食物的腸胃反應。」
「要記錄？」

「都好㗎，不要有壓力，但了解自己多些。有病友分享自己食西梅有助排便。」
「你指西梅乾？」
「生果店內新鮮的、預先包裝的西梅乾，西梅汁都有病友提過。」
「少食，不過唔難。」
「亦有病友利用每次一飲牛奶就肚瀉，便秘時飲兩匙。」
「我頂唔順那一股騷味。」
「大蕉、奇異果、火龍果都有人提過。」
「太多就有些怕寒涼。」
「咁……番薯、芝麻糊、杏仁糊、合桃糊又寒唔寒涼呢？」
「……這些都應該唔寒……」
「菜心、節瓜、南瓜你身體受得嗎？」
「這些都應該得……」
「咁就好了，你仲可以蒸、炒、炆、煮、鹹食、甜食點做都得。」

笑笑口：「又係喎！」

「試試吃完一會就去廁所培養習慣，調校一下自己的生理時鐘，都係一個方法。」

眼神中開始有返一點信心。

「有時在用坐廁時，雙腳踏上小矮櫈，雙膝高過肚臍的姿態都會使排便順利一些。」

「哦？呀！都係，以前我蹲著比較易去，但現在不方便蹲。」

「你在屋企，用暖暖的較軟的廁板，又無人同你爭用廁所，或者都可以令你放鬆。」

「當年媽媽瘦了很多，她講過軟廁板在使用時會無咁痛。」

「可以選擇吃完餐、用完定時的氣喘藥之後，不論是口服定噴劑，條氣最順時，是培養生理時鐘的好時機。除了這時間，有多一份醫囑必要時的用藥和噴劑在手，突然氣促時就可以自救。這些時候無理由有牌唔用，而令自己辛苦㗎。仲有，身邊有人或者手機也安心少少。」

「多謝你的貼士呀！」

「係呀！好多謝過去很多病友的寶貴經驗分享。」

「多謝多謝！」

「還想繼續傾個肺其實係咪有事？」

「唔想傾啦！」

「好呀！剛才傾了很多都會累。想搞清楚自己身體的情況都很重要的，亦要精神去傾，幾時你想都可以再傾。」

便便的護理

「你好呀，何小姐，伯母終於過兩天出院啦！」

「係呀！不過真係擔心照顧不來。」

「你睇到伯母的身體狀態，和入院前最大的分別是……？」

「她常常去唔到便便囉！」

「咁……照顧上你覺得最困難，或者最為難的是什麼？」

「雖然話係兩母女，要接觸媽媽的私人部位，真係唔慣。」

「也是的，我們不像日本人，連和母親同浴也不習慣，何況要觸碰。」

「雖然有姐姐幫手，但始終難免要落手的時候。唉！」

「聽到你真係好怕，好唔想掂，但同時亦願意落手去試，這真是唔容易。很欣賞你！」

「始終是自己媽媽，而且我諗吓自己小時候，也是靠她幫我清理嘛。」

「你有念恩的心，相信你會有能力慢慢做到，亦會越做越好的。」

「希望啦，本來妹妹都有心想幫手，但是她連聞到味都嘔，真是無辦法。」

「真是的，每人的困難都唔同。我對你有信心，你一步步會越做越熟手的。我們亦不是一生下來就會，都是學習和實踐中積累經驗。一陣換褊時間，你試試嗎？我可以協助你！」

「唔！」她的神色有些凝重。

「你有看過我們點換嗎？」

「有的。」

「還是你想看多次，一邊向你講解一些要注意的地方？」

「好的。」

「何媽媽，趁換褊時間，我向你囡囡示範怎樣一個人同你換褊。她回去就可以指導姐姐，可以令你舒服一點。」

「好呀！姑娘你教教她。」

我一邊整理，一邊解釋：「何小姐，你剛才提及伯母經常去唔到便便。現在你看看，這由背部向前的第一個孔道，就是肛門。當要塞栓劑，俗稱甘油條。又或者放水劑，俗稱甘油泵，潤滑之後，就是從這肛門放入體內。手指先戴上手套，放入甘油條後，推到最入；甘油泵則是把管子放到最入後，把藥輕輕慢慢唧入去。認清肛門的位置很重要。」

何小姐很認真地觀察、點頭。

「唔該何媽媽。」我説畢，也完成所有清理工作。

「觀察換褊的示範後，你信心加強了嗎？」

「會呀！下次換我試試。」

「可以，會提同事在你下次探訪時，預你試試。」

何小姐眉頭舒開笑了。

「順道提一提，當使用甘油條和甘油泵時，找對了放入的孔道後，注意自己的面孔要避開肛門口。用甘油泵輕輕地慢慢唧入藥液，讓藥液先保留十至十五分鐘，才連便便一併排出，效果更好。如果手勢已經很輕很慢，甘油泵未唧完媽媽已有便意，就可以和媽媽傾偈，讓她深呼吸放鬆。

記得整個過程，上身和大腿都要注意保暖。擠不完的甘油泵，可以輕輕地慢慢取出棄置，減少刺激即時便意，並且用紙巾稍稍用力在肛門外壓一壓，亦有助紓緩。

接著包好尿褊，讓媽媽在床上休息，盡量先忍十至十五分鐘。注意不要心急跑去廁所，避免跌倒意外。」

霜降

空氣變得乾冷，
秋天即將過渡到冬天。

抗拒止痛藥

下午四點剛好派完藥亦協助病友們服用了，同事們分頭開始在全病房換尿褊。

蓮姐說：「而家唔使換住，你們轉頭先來幫我換吧。」

「收到，要換出聲。」同事接著逐一替其他病友轉身換褊，然後開始為晚餐前作準備。

「姑娘，我想換褊！」蓮姐說。

「收到！」一邊處理鄰床病友的傷口，一邊等護理員替其他病友換完褊：「同事請轉頭幫幫蓮姐，她想換褊。」

「收到。」同事叫拍檔先派茶點，她一個人幫蓮姐。

我就在鄰床的簾內處理手上的工作，聽到同事說：「你慢慢就住轉身……食了藥嗎？每次都仲咁痛？同醫生姑娘講，添多少少止痛藥啦。」

「已經好一點，你們讓我慢慢轉身，你們在旁幫少少便可。現在晚上已經可以瞓覺啦。」

比起其他病友，同事要用多好幾倍時間替蓮姐換褊，好久才終於完成。

「蓮姐明明好痛，但點勸都唔肯再加藥。唔好講佢仔仔難受，連我們照顧員每次落手做護理，睇見都難受。唉！」

「醫生、姑娘、仔仔都勸過，額外需要時可以添加的藥亦已開定，但都無用。蓮姐就是蓮姐，唯有尊重她啦！」

晚飯時，茶水間同事無奈地在吐苦水。

晚上八點，歷史重演。

蓮姐雙眼閉合、皺眉、臉容繃緊。

「蓮姐，我見你兩次換褊，轉身都好痛呀！」

蓮姐望望我説：「等到十點食完瞓覺藥，瞓咗就唔覺得痛。」

「你可以瞓到幾點？」

「唔使五點幾換褊的話，應該可以再瞓晏些。」

「醒了痛嗎？」

「痛，我而家都痛！」

「咁不如我幫你睇睇可否吃多少少止痛藥，你痛到皺晒眉，塊臉硬晒，皺紋都多了。」

「唔使啦，等再痛多些先啦。」

「你除了食了瞓覺藥，瞓了那七八個鐘才不覺痛，其餘那十六七個鐘唔郁都痛，你要痛到出冷汗先加藥？」

「咁又唔係。」

「話就話個病無得醫返好，連死都預咗，其實你想唔想無咁痛？」

「當然想，但我怕第日再差，再痛多點時無藥可以用呀，唔好迫我啦！」

「你擔心食多點止痛藥，第日再痛會無藥可用。我幫你問清楚醫生，若果醫生話唔怕，兼且又有藥可以馬上給你止痛，我就拿給你吃啦。」

「唔。」蓮姐點頭。

「問咗啦！你見開的李醫生話無問題，現在你食多少少先，看看效果，明天李醫生巡房時，你可以直接再問他。」

「是嗎啡？」

「是的。是你食開的嗎啡。」

不消十分鐘，蓮姐睡著了。同樣雙眼閉合，但眉頭鬆開，臉部肌肉放鬆，嘴微微張開。

三十分鐘過去了，蓮姐仍在睡。

我在她耳邊輕聲問她：「蓮姐，少了點痛？」我特地問。

蓮姐矇矇忪忪望望我：「好好多。」

「記住這次的效果，這裡每個醫護人員和你仔仔，都是同你同一條船。每個人都好錫你，想盡辦法令你可以無咁痛，可以舒服些。有什麼擔心都要講出來。」

止痛有辦法

「我們結婚五十年，無兒無女。既然這病是絕症，仲要睇住她痛到死，我情願同她一齊解脫。」

「為了讓她脫離病痛，甚至願意犧牲自己。可見你如何深愛著她……平時見到她痛會怎樣幫她呢？」

「無。只能叫她忍耐，留在床上休息。幫她做所有家務。」

「這袋止痛藥寫著每日四次，每次兩粒。有無食過？」

「有。食足的話一日八粒太多了，每次只食一粒，忍到就唔食。不過食完兩個鐘又痛返，而那兩個鐘亦只是痛少一些吧了。」

「另一種每日三次每次一粒呢？」

「難得捱到天光才入睡，睡過了鐘便食剩下那兩次。不過那些作悶想嘔的副作用真是很可怕。未病死，食藥都食死。仲有，早幾日扶一扶她之後，膊頭骨劇痛，都唔知會不會因為轉移到骨，我搞到她骨折？」

太太這時開聲：「有時半夜痛得厲害，但唔想喚醒他幫我取藥。他都要休息。仲有那些需要時服的止痛藥好似好兒戲，叫人需要時每日四次每次一粒，其實都唔知點食。」

「你們去覆診時有告訴醫生嗎？」

「有！咪話她知仲係痛囉！換隻強力些的止痛藥，一食暈了半天！怕怕！而且邊可能有咁多時間講咁多呢……」

當疾病去到晚期，醫生需要掌握到病人的疼痛和實際的服藥情況，要在最短的時間，食最少的藥，最少的副作用，達到最佳的止痛效果。擅自改動藥物的份量、次數的背後一定有其原因——擔心？誤解？病者、照顧者的日常作息所限？還是實質病人身體服藥後的反應？尤其當病人同時有多種疾病，有時天氣變化令關節炎、痛風等加劇，也不禁胡亂猜想。

其實需要時服的止痛藥的份量和次數已在醫生考慮之內，是基本定時定量藥物的額外補充。只要在範圍以內，即使用最高份量亦是安全。由於是外加，添加與否都不應改動基本定時定量的部份，這是讓下次覆診前，就算疼痛增加，也得緩衝，是醫生預計之內。

記得：在日曆上記錄所添加過的次數份量、痛的性質改變、加藥後的反應等，然後覆診時告訴醫生。

病入晚期，這些痛的根源在於疾病本身，要靠助力緩減。而疼痛隨病情、體質對藥物的承受能力轉變，舊日合用的，今天未必合用。加上止痛藥種類不同，針對不同痛法，配搭中又往往一加一不止等於二，都是如實記錄，如實反映好了。

還有，晚上預計要額外服的止痛藥，也不妨獨立用袋仔、樽仔入好一次的份量，旁邊不要放其他藥物以免誤取。放一杯暖水，蓋好，半夜就是不用喚醒枕邊人，甚至不用開燈。

痛得到緩解，執子之手，與子偕老，繼續好好珍惜相伴相知的日子。

我的痛有誰知？

「很痛的時候，唔講又話我唔講，講卻又反遭質疑……我的痛有誰知？」痛是主觀的感覺，只有當事人才最清楚，醫療團隊從何得知一二呢？

受疾病影響，身體會發出各種不適的訊號出來，醫生就可以從疾病的發展階段，大概知道要用哪種止痛藥和份量，才能把痛控制得住。

由於每人對痛的承受能力、對藥物的反應都不同，需要逐步調校，好讓病人適應。當醫生知道一種藥物已經用到大份量，仍未能有效控制疼痛，並且這藥物並沒引起預期不適，便會放心用另一級別的止痛藥。相反當藥物預期會引起的不適太強，止痛效果欠佳，就會更換另一種。假若醫生不能掌握病者真實用藥的份量、用後反應、痛的情況，整個疼痛控制就會不太理想，或者需要較長的時間去調校。

痛，可以從身、心、社、靈去看，要注意：疾病的發展、病人體質改變，都會令身體感到不同的痛。

要在短短的覆診時間內，讓醫生掌握自己的疼痛情況，一本按日期時序的疼痛紀錄也許能幫忙。

一：「痛到一個怎樣的程度呢？」

有否影響睡眠？影響日常哪些活動？有否影響胃口？影響情緒？若以十分最痛、零分無痛，最痛時是幾分？一般時又幾多分？

二：「怎形容痛的部位形態呢？」

全身的還是局部？定點範圍的，還是會反射或游走去其他地方？有時口講的部位，和用手指出的，會有差別而引起誤會。

三：「點痛法呢？」

脹痛？針刺痛？火燒痛？蟻咬痛？痺痛？絞痛？酸痛？被槌鑿？外面痛？裡面痛？按痛處會否更痛？還是無咁痛？喜歡熱敷？還是喜歡冷敷呢？

四：「痛的模式是怎樣？」

持續的還是突如其來？有規律共通點嗎？定時嗎？逢空腹時痛？還是進餐後？夜半熟睡痛醒？晨早醒來最痛，之後好些？每咳時最痛？什麼情況後痛最劇烈？什麼時候得以緩解？

痛，不是每種都能形容，亦不是所有的人都能表達。說得出痛，就是痛，問題是用什麼方法和怎樣去緩解。

有些精靈的病友，見醫生時原本可以自己好好說，但聽完醫生談別的事，例如上次的檢查報告之類，自己要講的就忘了。把要講的預先寫好，拿在手上，可以提醒自己。有些病人昨晚很痛，要額外吃止痛藥才能入睡，但到了天亮，他可以告訴你他一整夜都睡得很好——他可能根本記不起，那看醫生時就需要提醒。

面對疼痛這個大課題，病者、照顧者、醫療團隊彼此還需多點耐性，多點同理心。

要吃嗎啡……還有希望嗎？

嗎啡止痛會有甚麼副作用嗎？很擔心日日吃，會上癮？

當我們痛，人體本來就會正常分泌嗎啡類的天然止痛劑，非常疼痛時，便需要外來補充，這和身體沒有疼痛時濫用嗎啡，追求短時間的迷幻開心，是兩碼子的事。

有些病友不想多吃止痛藥，自行處方各種外用的止痛膏和止痛貼。一片不夠便兩片、三片往身上貼。事實上，不管外貼、口服、針劑、塞用栓劑、噴霧等，都是不同劑型的藥物，配合臨床上不同需要。換句話説，自行濫用的外用止痛貼，一樣可以超出安全範圍。所貼的時間過久，要撕除時可以連皮都撕破。在一些長效的外用止痛貼上熱敷，更有風險加速藥力在短時間大量釋出，切忌這樣做！

若果有些做法，心中會暗暗怕醫生知道或會被責罵。不用怕！那正好是一個提示那做法可能有問題，直接問清楚好了。

要面對癌症，本身已很不容易。經歷各種檢查，西醫、中醫，甚至其他另類療法……一下子聽了很多。久病成醫。忐忑的心情，百般滋味。

關於嗎啡的副作用，有些人不清楚就沒想太多，知道的反而會想很多，甚至強化了副作用的不適。胡亂猜度，千百種想像，越想越真。把腦海中的想像、推測、估量，自身如實的感覺，悲傷、灰心、無助、絕望、迷惘、茫然的感受、情緒炒作一團。就像用一把放大鏡，把身體的不適感覺放大。這些不適，究竟是藥物的副作用反應，還是病情發展、體質改變後的新徵狀呢？那麼多變數，服藥後出現的各種不適反應，就交醫生處理吧！

疾病步入晚期，作為病人、照顧者和親友們，不妨回想病者腦海中，五官曾有過的美好回憶、影像、聲音、氣味、味道、溫度、舒暢的感覺；情緒上的開心、充實、滿足、溫馨、暖流等，重複回味，把它的印象加深，影響力放大，來協助減輕病中的各種不適。

老病死無法避免，但可以增加摯愛面對的力量，相伴同行，在剩餘的日子繼續經營體驗愛與被愛，直至生命終結的一刻。脫離衰老腐敗的身體，完成這生的使命，步入生命新的旅程。

病人寧願痛？

年輕同事的樣子有點苦惱：「我唔知怎樣做才好！昌叔的樣子明顯很痛！但每次問他，總是否認有任何不適，真係唔知點幫！」

於是我主動找昌叔了解：「昌叔！兩天無見，你好嗎？」

「都係咁上下啦！」

「有哪裡不適嗎？」

「都係咁啦！」

「但是，你樣子看來似乎有點累。」

昌叔閉起雙眼，深深呼了一口氣，沒有回話。

我再說：「你今日的心情似乎麻麻哋！」

昌叔仍保持沉默。但突然皺眉，牙關咬緊，雙手繃直，額頭在冒汗。我把手掌輕輕的掂著他的前臂，他沒有拒絕。

我在他耳邊輕聲提他：「吸氣……呼氣……用鼻吸氣……用口呼氣……」他跟著做。

「昌叔，你做得好好！繼續吸氣……用口呼氣……你做得好好呀！我去搬一張椅過來你旁邊陪你，你繼續呀！」

我在他身邊坐下，輕手掂著他前臂繼續提他呼吸。如是者昌叔再做多三五次呼吸後我在他耳邊問：「還可以嗎？」

他點頭：「唔！」

「如果你想，我可以給你打少少針藥止痛。」

他搖頭。

我說：「OK！收到！你現在不想打止痛針。不過現在差不多是時候派藥了，我先派定時的止痛藥給你吧！」

他點頭。

「我幫你先吃藥吧！你現在咁痛，都要一些時間才能緩解的。我放叫人鐘在你手，現在我要去派藥，不能留下陪你，想打針隨時按鐘OK？就算打針，都要些時間等藥物發揮效力呀！」

昌叔吃過藥後點頭，答：「OK！」

派完藥見昌叔休息，再待他張開雙眼，便去問：「好些嗎？」

「好些了！」

「你想止多些痛嗎？」

「唔想！」

「啊！我有些想不通呀！你咁痛但又不想進一步止痛的原因或者擔心是什麼呢？」

「我所剩下的日子不多了，我不要自己昏昏沉沉的睡。雖然痛令我睡不好，人亦疲倦，但痛亦令我保持清醒，令我感到我仍是活著！」

我深呼吸了一下說：「哦！你珍惜有痛的感覺！而痛令你感到仍然活著！」

他點頭。

「好！聽到了！隨著身體的變化，慢慢地你會發現身體漸漸地想休息多些。痛會消耗體力，痛之後會感到較疲倦的。現階段，你想減輕多少痛，同時保持清醒是可以調校，也可和醫生商量的。」

昌叔答：「好！我考慮吓。」

年輕同事說：「明知有方法可以止痛，我真係想二話不說，直接就幫昌叔打針止痛！」

「昌叔神志清醒，他選擇保留痛的感覺讓你不安？」

「係呀！個心好煩！好躁！」

我笑笑口：「會呀！辨清誰是主位心態便會易些調整。不過亦要恭喜你！」

「呀！什麼？」

「你開始體會到很多家屬的那份無助感吧！」她望著我，眨眨那又圓又大的眼睛。

治療可自主

「我只係唔想食嗎啡住，想睇多少少，忍多丁丁啫，未至於唔聽話嘢！」床上的她說。

「我聽到有種好委屈、好冤枉的感覺。」我回應。

她點頭，扁扁嘴。

「話你唔聽話那個人知道你痛，但是選擇唔食嗎啡藥。佢當時唔知係真心嬲你、話你，還是心痛你，或者有其他原因？」

「……我知道佢係錫我的。」

「其實關於止痛，某程度來說你是有權自主的。」

「可以嗎？」

「在用嗎啡之前，一般都會先用其他的止痛藥，效果是否達到你的理想都有一個大概的指標。譬如說：痛的程度有沒有影響你睡眠、一般日常活動照顧，作息食慾之類。你清楚自己的選擇和後果，過程和醫護人員配合是可以的。」

「要點呢？」

「例如你或者會想夜晚止痛效果好些，讓你可以整晚安睡。而日間有其他事情分散精神，也許會選擇用少一些止痛藥。」

「我反而想夜晚的止痛藥份量減輕一些，朝早醒來的時候精神多些，唔想好似未瞓醒。而日間因為有時活動多，想加多少少止痛藥，等我可以完成我想做的事情。不過有時日間沒有什麼活動，就不想吃那麼多藥。」

「可以呀！醫生調配著不同的藥物，不同的份量，並且要了解你的生活習慣。待調好基本的每日用量之後，再同你分享怎樣靈活運用，需要時額外加份量，更能較貼合您的需要。」

「好呀！」

「雖然很難話做到百分百止到所有的病痛，醫護、病者、家屬的互相配合，大多數都能控制在可接受的範圍。」

一般的病者在面對不同的抉擇面前，需要清楚抉擇的後果。作為照顧者或者醫護人員，要以病者所能了解的方式去幫助明白前面的路，大多數人也就能做自己的決定。

病者不用去聽誰的話，其他人也不用代為負起這責任——只是現實中，彼此是否有這心力和空間。

媳婦很抗拒

梅婆婆剛轉來不久，見到她每次轉身換褊時都面容扭曲，發出咿咿呀呀的聲音，需要休息一段時間才能回過神來。可惜接著又差不多到時間需要再次換褊……婆婆於是決定：不吃、不喝、不尿。

醫生看她的病歷紀錄後，很想用嗎啡為婆婆止痛。問題是同住的家人對這處方持有不同的意見——媳婦非常抗拒，甚至十分憤怒。兒子則覺得最重要能令母親舒服一點，但他面對太太強烈的抗拒情緒，有點無所適從、手足無措。

兒子問：「除了嗎啡之外，仲有沒有強力的止痛藥可以用呢？」

「唔……都會含有嗎啡類的，可以試試。」

但媳婦卻很強烈的地表示：「不是嗎啡的，才可以！」

「那麼，我們先處理其他不適先，再一齊逐日看伯母的進展吧。」

媳婦說：「我們不會接受……你們用什麼藥都要先告訴家人。」

過了一天、兩天，電話聯絡媳婦：「我們見到梅婆婆因為痛不想轉身換褊，情願不吃不喝。她的頭髮已經比較油膩，想幫她用床躺著洗頭，沖涼。不過預計會比較痛，想用比目前較強一些的止痛藥。未至於直接用嗎啡，但內含有少少嗎啡成份，你覺得可行嗎？」

「佢真係幾個月無沖涼洗頭了，在屋企我們都很想幫她洗，但她又痛又越來越無力，我們都無辦法。婆婆肯嗎？」

「都要她肯的，我們相對有人手和沐浴床設

備。想先和你們有了共識，我們就試一次吧。」

沐浴後，我們拍下她吹頭的短片、安睡的相片傳送了家人。

媳婦送物資過來，我把握機會談：「看得出你對婆婆的照顧和狀況，很上心。你可否幫我明白：為什麼你抗拒醫生開嗎啡止痛？」

「我爸爸當年都是晚期癌病的，雖然他病情嚴重，但一直都是清醒的。雖然說話少氣無力，但只要耐心一點，加上看口形、點頭擰頭等，大概都能掌握到他想表達的意思。就是那一次的嗎啡針，我們還未去到醫院，他就走了，連最後一面都沒見到，沒有家人可以送他。」

「所以，這成為你對爸爸的一份遺憾。」

「係！亦不明白點解當時要用嗎啡針，真是無其他的選擇嗎？」

「所以一聽到要用嗎啡，就會非常之保留。」

「是呀！」

「現在卻又無諗過，使用少少含嗎啡的藥，梅婆婆勉強還可以再次享受用水洗頭和沖涼那種暢快。」

「係呀，真係好驚，但又好多謝你們！」

「我亦很多謝你可以俾機會我們。你們要作這決定亦很不容易，實在背負很大很沉重的壓力。」

「多謝你們！」

「到了現在，可以預見婆婆的情況繼續走下坡，疼痛預期越加嚴重，我們或者會無可避免地用到含有嗎啡的藥，甚至嗎啡去止痛。你又會有什麼看法呢？」

「可以少用就盡少用啦！」

「是的，我們會在必要時才用，只是希望在使用前，能先和你們有個共識。」

太太不明白

早期疫情稍為緩和，在限制探訪下難得黎太太可以探黎先生。可是黎太見到丈夫閉目休息，身體虛弱，不願和自己傾談，覺得不大對勁：「你們用緊幾大的嗎啡份量？」

「黎太，你好呀！你是否發現什麼不對勁的地方？」

「你們又加強了嗎啡劑量？」

「昨晚黎先生覺得肚痛難耐，要求打針，之後疼痛稍為緩和才能入睡。」

「不停地加！加！加！你們是不是想害死他？打到他而家連說話都不想講啦！」

「眼見他連話都不願和你講，我聽到你很焦急，亦很難受。」

「他從來不會這樣對我。」

「是嗎？你們的相處關係是怎樣的？」

「我們相處很融洽，天南地北無所不談。」

「在你們過去多年的相處，若果分開了一個星期，見到面的時間會……」

「會很親，會有很多話說！」

「現在的落差很大。實在令你很失望和難受。你在等待探訪的這個星期想必亦有很多話想在見面時跟他細說。可惜，他很疲倦未必夠心力去聽、去回應你。」

「我不想來見到他這個樣子，我希望他精精神神，可以同我傾偈，吃我做的他最愛吃的餃子。」

黎先生閉目聽著聽著，終於開口：「我去過唔同嘅地方。直到來到這裡的陳醫生開的藥才真正幫到我，讓我漸漸大部份時間不痛，可以好好地睡。我的病到了現在已成定局。這點我們大家都知，你都是知道的。我而家的痛、身體嘅不適，就只有他們才幫到我。請不要再阻礙醫生，影響他的處方，否則辛苦的人是我。你再攪擾的話，倒不如不要來。」

黎太聽罷，愣住了。

「黎太，你還好嗎？」

爸爸的守護者

白先生的情況每況愈下，痛楚一天比一天厲害，我們唯有加大止痛藥的劑量，他睡著的時間亦明顯越來越長。

「白小姐，你覺得爸爸的痛楚控制得怎樣？」

「痛是少了，但昏睡的時間卻明顯增多。我覺得很矛盾！」

「你擔心昏睡時間長代表某些狀況嗎？」

「他這樣越睡越多，會否有一天就這樣……一睡不起？」

「嗯……」

我點頭道：「雖然知道這種病最後會進展到死亡，你是否仍然有什麼都做不了的無奈？」

白小姐嘆一口氣。

我說：「既然預期這樣的進展，此刻你最關心什麼？」

「我想不到。」

我眨眨眼，低下頭說：「是的……嗯……若這階段過去了，你回到自己的生活。」我好慢好慢地邊抬頭邊說：「十年後，廿年後，你退休了……你的子女已成家立室，孫輩踏入社會，開始工作……一天你賦閒在家，隨意拿起相簿。」我的頭左右兩邊輕搖：「一頁一頁細看，突然回想起爸爸病重時——」

我定睛望著白小姐衣領的位置，點著頭說：「當時落多些止痛藥可以減少爸爸疼痛，可是他卻會越睡越長，最後一睡不起。面對這矛盾的心情，如果可以，你最想做什麼？」

「我會問醫生有沒有其他方法可以幫爸爸減輕痛楚，但不會一天睡那麼多。」

「還有呢？」

「有沒其他止痛藥可以選擇呢？」

「好，還有呢？」

「究竟到最後，是這個病令爸爸死去，還是用的那些藥令爸爸提早離世呢？」

「這點好重要。」

「還有，爸爸準備好了會越睡越多，慢慢一睡不起……再見不到我們嗎？」

我點頭贊同：「是的，他會怎樣選擇？痛而清醒，或者不痛，或沒那麼痛但昏睡日子漸多，他怎樣想？」

白小姐聽罷，陷入沉思，凝住了，大家靜了片刻。

然後我問：「待弄清楚這些疑問，知道無論爸爸的意願是什麼後，你會如何抉擇？」

「我會尊重爸爸的選擇。」

「以爸爸的選擇為先，這一點不容易做到！」

「是的。但當年我自己還是一個癌症病人時，是爸爸陪著我去打我那場仗。」

「哦！」我細看白小姐，說：「現在從外表看來，你除了較為纖巧之外，一點也看不出曾經是癌症患者！」

「當時我還要是個單親媽媽，若果無爸爸陪我打那場仗，我真是無法堅持下去的。」

「經歷了那場死裡逃生的劫，你和爸爸的連繫更近。」

「是的！所以現在當我夾在媽媽、哥哥和爸爸之間，當他們想爸爸多吃些，而爸爸只想安靜休息時，我會明白他。而我亦唯有幫媽媽、哥哥去明白和體諒爸爸多些。」

「現在由你去守護爸爸了！你都要好好照顧自己，免得爸爸要為你的健康擔心。」

「嗯，我會！姑娘，多謝你！」

「待會我找醫生和你傾傾你所關心的藥物使用問題，與及把握你爸爸清醒的時間，一齊聽聽他對目前用藥後的身體感覺、看法和選擇吧！」

最想返屋企

「爸爸的褥瘡可以好返嗎？」

「你知道爸爸褥瘡的情況嗎？」

「我知道他尾龍骨有粒褥瘡。」

「是的，他的褥瘡在入院時已經有，而且傷口不細。」

她的面色神情有些凝重。

「你在擔心什麼呢？」

「我擔心他會痛。」

「的確會痛，他的痛有些複雜，腫瘤和骨轉移都是成因。除定時給的止痛藥外，現在每次同爸爸沖涼前或者洗傷口前都會額外給他一劑止痛藥。又因為已經轉移到骨，每四小時就會替爸爸轉身，希望避免局部位置長期受壓，減慢褥瘡惡化，但他都會痛。正因如此，他很快又要求回復平卧，令尾龍骨的褥瘡受壓。每次勸他用多少少止痛藥時，他都是百般不情願。」

「我知道爸爸是不想吃那麼多止痛藥，想保持清醒。」

「是的，所以現在每次都要集中沖涼、換褊、洗傷口、轉身這些程序，還要很快手地完成。」

她嘆了一口氣。我亦停頓片刻。

「為了減少不必要的移動，同時避免局部位置長期受壓，爸爸正使用減壓的氣褥床。他的腫瘤在大腸，隨著病情的演變，有機會出現阻塞而無法排便，甚至影響進食。」

「爸爸排便很頻密，而且很多。他常跟我說不好意思要常常麻煩姐姐替他換褊、要姑娘替他洗傷口。」

「爸爸的食量不差，這是好事。我們希望他保持有相應的便便量。由於腫瘤在大腸，大便要能通過，始終很難保持正常大便的形態。其實仲有其他原因令他的傷口較難癒合。」

「是嗎？」

「他本身是糖尿病患者。為令他變得精神，增加食慾，提升營養，現階段必須用藥物扶助，但這些藥物會影響傷口癒合。這點我們亦一直留意住。」

「依你看，爸爸的褥瘡有機會好返嗎？」

「你爸爸的傷口始終不細，雖然我們已為他選用很靚的敷料，影響癒合的因素還有很多。傷口的癒合始終取決於爸爸身體的修復功能。健康的小朋友、年青人的傷口癒合點都比年長的快。不過，在這一刻我們無放棄他。」

她點點頭。

「我見你媽媽每日都帶自家飯餸來，和爸爸一起輕輕鬆鬆食飯，這很好呀！」

「我們能做的就只有這些。」

「爸爸的日程就是轉身、換褊、洗傷口、食藥、洗口、物理治療拉手……你知道他有什麼心願嗎？」

她面有難色。

「你不妨講出來聽聽。一人計短，二人計長！」

「唔……我知道他想返屋企。從他上次離家入院，由一間醫院轉到另一間醫院，再轉到另一間，不經不覺已經大半年了。但是以他目前的情況，他出院的話，我們又怎能照顧呢？」

「出院的確是有點難度，不過返一返屋企未必不可能。若果這能提升爸爸的生存目標和意義，帶給他在困難的日子中一點點安慰，增添你們一家人的回憶，我們可以和你們一起努力的。」

立冬

冬天來了，萬物進入休養、
農作物收割之後要收藏起來。

好人唔應該生癌！

「世界太唔公平啦！殺人放火金腰帶，修橋補路無屍骸！」

「馮伯，你今天的心情……有點兒……講來聽聽，講來聽聽。」

「你話唔係咩？成世人無做傷天害理的事，奉公守法，現在點呀？生癌呀！無得醫呀！等死呀！」

「你覺得好人是不應該生癌。上天要你生癌對你好唔公平。」

「係呀！好人應該有好報！」

「對呀，好人到最後就算要死，都要好好咁死。」

「係呀嘛！……最好瞓瞓吓覺死。」

「就算生癌，到最後死時都要好舒服咁瞓吓瞓吓，唔知唔覺咁死先至啱數。」

「係呀嘛！」

「你見到早幾日過身的病友係咪瞓住走㗎？」

「又係喎……再早多幾日嗰個都係，仲話走就走。」

「他這樣走算是好死嗎？」

「都算係好死啦。」

「計你話他們都算是好死，不過同時亦是生癌。他們會是好人嗎？」

「聖人都有錯……何況只是好人。」

「馮伯，你講得好呀！可能就是因為咁。」

「唉，算啦，馬馬虎虎算㗎啦。」

「咁，而家生癌又未死得住，你會繼續做好人定係想做吓壞人先？」

馮伯笑了：「我壞得去邊呀？」揚眉奸笑。

「眨吓眼就一世㗎啦，行善定作惡，唔好後悔喎。」

當下怎樣過？

「未來的日子……點算？」
「你擔心什麼？」
「我說不出……」

「今天你在醫院，我才有機會認識你。若在以前，你的日子是怎過的？」

「日常生活以外都是一般吃喝、旅遊。」

「你現在是擔心不能吃喝玩樂？」

「知道不能如舊日般過日子，始終現在有病，但日子其實又不是太差。」

「有病的日子實際過得不是太差，但似乎缺少了些什麼，令你有種說不出的不自在？」

「唉……前面這些都是我以前最愛吃的，最愛把玩的，現在全不是味兒。」

「心思都不在這些了。」

「未來的日子……點算？」我了解到她生病，但家境不錯，食宿、照顧都不成問題，繼續問：「你想點過每一個今天？」

「嘿？什麼？」

「你今天想怎過？」

「唔。知。喎……換你是我，會點過？」

這時剛好餐車來了。「唔……開飯了，好好吃飯。」

「你都唔明！」

「有想過吃飯時吃飯，專心的知道自己在吃飯，會是出路？」

「唔明！」

「飲茶時飲茶，知道自己在飲茶。走路時，體會自己在走路。休息時休息，全心全意在休息。呼吸時呼吸，體驗自己在呼吸。」

「就是這樣？」

「每個人自己的難關，都要自己過。你有人陪伴，並不孤單。當你好好踏實走過活著的每一刻，便有力量逐步逐步行將來的路，亦與後來者同行。」

驚到手都震

「姑娘！媽媽話心跳好快，講說話和雙手都在震！」

我即時停筆放下牌板，轉身走向李太。這是探病時間，李太對面是張太，張太的女兒正貼心地靜靜為媽媽抹面、洗口。

「李太，你覺得怎樣？」

李太瞪大雙眼瞪望著我，嘴唇半開，雙手放胸前說：「……心……好……跳……」我伸手摸她的脈搏，真的跳得很快。

李太望望我，很快地望一望張太後又望住我說：「……好……震……」

我轉頭看看張太。她一臉祥和，但面色蒼白，氣若游絲。張小姐安靜地守護著媽媽，等待她安詳離世。

我回過頭看李太，用自己的身體遮擋李太看到張太，問：「現在你最想我怎幫你？」

李太的手更震了，眼睛瞪得大大的，很細聲亦很慢的說：「同我……搬上……樓上。」

樓上並沒有病房，我知道沒法搬去，但清楚聽到李太想搬離這環境。

「好！待我打點一下。李太你有宗教信仰嗎？」

「無。」

我望著女兒問：「屋企是拜祖先的？」

「是的。不過最近都無點拜。」

「那麼，你自己有信仰嗎？」

「都無。」

我向李太說：「你現在向祖先祈求吧！祈求他們保祐你，保祐你過到這一關。」

李太點頭，我對李太的女兒說：「你陪住媽媽，握住她的手，可坐在她正前方。我現在拉一拉床簾，分隔一下。」

查看病床的情況，與同事商討後，很幸運可以調李太去另一房間的加床位。「李太，大家現在正忙於大圍換尿褊，要完成後才有人手調床。你現在需要一些針藥暫時穩住紓緩一下嗎？」李太搖頭，眼神仍是在祈求似的。

張小姐見我在李太的床簾後出出入入，亦望向我。我向她點點頭，微笑一下問：「你和媽媽OK嗎？」

「OK！」

「放心！我們會處理。」

「李太，現在調床啦！」李太終於露出一絲笑容。

「囡囡你陪住媽媽多一回吧！今晚會有家屬想在旁陪李太過夜嗎？」

女兒答：「爸爸來緊，他今晚會留下陪媽媽過夜。」

不論多清楚自己病重，就算選擇了順期自然離世、拒絕臨終時不必要的急救——面對死亡，仍然會存在恐懼。

拜佛又求神？

「他原本信傳統宗教，家中各式各樣的佛像一大堆，現在又話轉信基督教……」

「不過他對自己的疾病仍然堅持醫治，明知成效不大，亦沒有一大筆錢去完成整個療程，卻要求家人四處為他張羅！他對你們醫護人員可能客客氣氣，對著家人是另一個模樣，在外面騙到不少人！」

我心想：大大小小打了幾十年結，新舊毛線一大堆，從哪裡解起呢？誰說了算？面前這位家屬選哪樣？

「聽來矛盾可不少呢。當中什麼最令你無所適從？你最先想解的結是哪一個？」

「治療方面。他雖然堅持，但我們其他人聽醫生解說得很清楚：治癒的成效不大，耗費我們所有的積蓄實在不值得。只是他自己在吵吵鬧鬧。」

「這點看來，家人已有一致共識。只是病人自己仍心存希望，未能接納現實？」

「是。他就是很飄忽。過去幾十年家中放著各式各樣佛像。今天不知怎的又話有神父接觸過他，轉信基督教。他很篤信那位神父，我估計他們只是相識了兩三個月而已。我不想說他是否信了什麼邪教，但人可以轉得這麼快嗎？」

「面對著生死關口這是很大的衝擊，有些人過去的信念可以一下子被敲碎，有些卻變得更加堅定鞏固。」

「他所信的完全是兩碼子的事，會是受騙嗎？」

「你懷疑他遇上了的，究竟是真正的神職人

員，還是騙子？」

「是的。」

「那你要找機會去了解你爸爸的新朋友。」

「但人可以由供奉了幾十年的佛像，一下子話變就變？」

「以前供佛又好，今天轉信基督亦好，你爸最終最大的祈求是什麼？」

「離苦、越來越好，現在說是平安。」

「以前傳統的佛像，今天的基督教，似乎都有義理需要學習，需要有正統認識的人指導帶領。你擔心他在這刻遇上了騙子，趁他心靈虛怯，六神無主時，再受打擊。」

「是呀！就算遇上真正的神職人員，一個人差不多一生的信念，真的可以兩三個月，沒見幾多次，話變就變？」

「毛毛蟲吃了一輩子橘子葉，當牠在退蛹成蝶的一刻，馬上可以改變胃口，轉吃花蜜。」我嘗試打開第一個結。

困難中的力量

王太回家短住後再次回院，王生陪伴在旁。「早晨！王生王太，今日又見啦！王太你的面色有進步呀，精神看來亦不錯。」

王太微微笑。

王生說：「回家後，她好睡一點，胃口亦開了，吃多了些，整個人都像飽滿了。」

「那就好了！王生，你有好大功勞呀！」

「係呀！不過都真係好累。她晚上會亂講話，半夜不叫我，就用助行架落床行。短住還勉勉強強，長住就應付不來了。」

「目前都是見步行步，預了要出出入入，久不久又見啦！」

王生微微笑，望望王太再望向我：「係啦！」

我轉向問王太：「這兩天在家情況怎樣？」

「都係差不多啦。」

問完身體上的不適後，王太雙眼露出倦意。對話暫停，王生亦準備回家。

王太吃完飯，小睡過後，對話又繼續：「可以返番屋企，這兩天你覺得最重要是什麼？」

「最重要是包容和忍耐。」

「點解咁講？」

「要先生一個人主力照顧我，有時都不免會有些脾氣。最重要的，都是自己要包容和忍耐。」

「你自己有病，仍體會到先生的難處，提醒自己對他要包容和忍耐，真係唔簡單！咁你有無覺得自己負累了家人呀？」

「都有㗎！」

「咁你點面對呀？」

「我仲有我原本好大的家族，很多的家人。」

「哦？你原本家人怎樣？」

「哥哥本身都有癌病，妹妹兩年前過身，侄仔身體亦係有事，但係我們林家給了我很大支持和力量。」王太雙眼有神，一邊講一邊手握拳頭，向天高舉。

「聽你講時有一份自豪！能夠有自己的丈夫和家族的支持和力量真的很重要。面對家人亦有癌病，對你有什麼影響？」

「我本身有信仰，我祈求上主讓我成為家族中最後一個癌症病人。求上主帶引我所有的家人互相包容忍耐，互相扶持。」

「你能夠祈求自己是家族中最後一個癌症病人和帶引你的家人能夠互相包容忍耐，彼此扶持，真不簡單！你先生都是基督徒嗎？」

「幾年前他有了肝硬化，因未有即時生命危險，他後來簽紙出院，看了其他中西醫，返了教會，咁又過了這幾年。更估不到在這情況下入了教。」

「聽來好似你反而有點欣慰？」

「係呀！咁多年相處，又點估到他患上肝硬化後反而有機會入教呢？肝硬化會變肝癌喎！」

「上天的安排真係超出人的想像和計算的。王太，為你高興和感恩呀！」

「感恩呀！」王太微笑地回答。

能夠在困難中找到力量、期待，困苦艱難的環境中找到一點甜。

一家人，一齊行。

小雪

氣温下降，寒意愈來愈濃。

迎接死亡

早前堅叔的家人讓他如願回家，這次再度入醫院，大家都準備了將要迎接他的死亡。

家人很愛錫堅叔，一直堅持照顧到最後一刻才送入醫院。這天出現了多項的臨床彌留徵狀——是時候通知堅嬸和女兒來了。

我在堅叔耳邊説：「堅叔，我已經通知了堅嬸和你囡囡，她們在路上趕緊過來，你可以的話便堅持一下，好讓她們可以和你道別吧！」

戴著口罩的堅嬸和女兒來到床邊，已經忍不住哭起來。堅嬸握著堅叔的手搖著，重複地叫：「亞堅，亞堅……亞堅！」

女兒雙手輕拍堅叔的肩膀，重複地説：「爸爸！爸爸！……」接著也搖他的手：「爸爸！」

「堅叔聽到你們叫他的。你們看，他聽到你們叫聲時，面容表情有少少變動反應嗎？你們除了叫他之外，有什麼話要講呢？他雖然回答不到，但他在聽的。」

堅嬸手腳都在抖，我搬椅子來，讓她貼近床邊坐下，心裡不禁擔心她年老又激動會站不穩。「你握著堅叔的手，有什麼想講就繼續講。我幫你把床欄放下，你可以坐得再接近一些。」

「亞堅，你放心……」堅嬸坐穩了，亦打開話匣子。

女兒打電話，整個人在震，眼淚把口罩弄濕透了。「我睇唔到！我搵唔到！」她説，我連忙走過去，伸手傍著她握著手機的手，和她一起看手機：「我同你一齊搵，你深呼吸，深呼吸，你一個一個睇，一定搵到的。」

她另一隻手快速地在屏幕上刷上刷落……

終於找到了。「哥哥在大陸。」女兒對我說。

「他趕不切，可以視像給哥哥看。」我說。

囡囡把手機放堅叔面前：「爸爸！係哥哥呀，佢係大陸呀！你睇吓啦。」女兒開始講到說話，做到她想要做的。

再望望堅嬸。她仍然握著堅叔，口裡唸經，我知道是時候留給他們一些私人空間。

我離開去看看床簾後隔鄰的病人，他們聽著堅叔一家，心情會如何？

踏入彌留

堅叔踏入彌留的階段後，堅嬸和兒女都已陸陸續續來到他床邊。

堅叔的呼吸較之前深長了些、或者三五七下呼吸之間停頓了七八秒、面色唇色變得有如蠟像、眼角出現淚珠……每個細微的變化都足以挑動家人的神經。家人焦急激動情緒過後，接著腦子空空地「等」。

我問同事：「堅嬸她們怎樣啦？」

同事說：「她們下午開始陪伴堅叔，現在稍為冷靜下來了。」

我走到堅叔附近，見到堅叔的呼吸轉為淺、慢。堅嬸低著頭，手握有十字架的唸珠，輕聲重複地唸：「因祂的至悲慘苦難，求您垂憐我們及普世……」

子女兒孫們，有的坐在牆角，有的站著而雙手交叉胸前，有閉目沉思的，有刷著手機。

有些家屬望向我，我點點頭，慢慢行去堅嬸後面，停住：「堅嬸，堅叔有信仰嗎？」

「他沒有。」

「你呢？」

「我信天主。」

「你的仔女兒孫呢？」我回頭見幾位望向我。

堅嬸說：「他們沒有。」

我續問堅嬸：「你在唸什麼經？」

「慈悲串經。」

「他們識嗎？」

「唔識。」

我轉向子女兒孫們問：「你們想不想跟堅嬸

一齊唸經給堅叔？」

大家有些調整坐姿，挺起身坐，有放下手機的，有拭淚點頭的，有端正直立：

「無所謂！」

「哦！」

「好啊！」

「OK！」

「好的！」

「可以呀！」

堅嬸轉身看著他們的回應。我退後在旁，提起雙手合十說：「堅嬸，請你大聲一些帶領大家唸吧！」

她站起來，面向堅叔。手握唸珠，雙手合十，恭敬的領唸：「永生之父，我把您至愛之子，我們的主耶穌基督的聖體、聖血、靈魂及天主性奉獻給您，以賠補我們及普世的罪過……」

在她們的禱聲中，我輕輕鞠躬，退出房間。

主，交給祢啦！

困難的去與留

「姑娘，我先生現在的情況怎樣？依你看還有多少時間呢？」

「他隨時都會離世，而且這樣也幾天了。李太你這樣問，是否有什麼想法嗎？」

「我們在想今晚是否需要留下陪他。若果仍有時間，我好不好回家吃些東西，休息一晚，明天再來。」

「以李先生的情況很大機會是繼續這樣昏昏沉沉的在睡夢中離世。你留在他身邊直至他呼出最後一口氣，與不在他身邊，對你來說有沒有什麼意義或分別嗎？」

「就只是在與不在的分別。」

「那麼對他來說呢？」

「怕他會覺得一個人走會太孤單。」

「在這段時間看到你們盡心盡力的關懷照顧，若然不在，日後回想起來，你會內疚嗎？」

「現在想像不到，大家都累了。」

「作為家屬至親實在是很難作的決定！」我說畢，女兒插嘴：「就是呀！」

「送終的定義，是否一定見到親人呼出最後一口氣？有時也不是留在身邊便可以的。」我問，家人都定睛望著我。

我繼續說：「過去見過一些病友在最後階段一直堅持。直到他的兒子、大孫——他心裡最放不下的，從外地返港，趕到醫院了，一腳踏到醫院大門，或者走到床邊，病友便呼出最後一口氣。這算是送到了嗎？亦有一些一家人輪流接力守在床邊，病友卻在家人去吃飯、飲水、洗洗面等等離開的幾分鐘呼出那一口氣。

這是否無人送終呢？病者本人可以有自己的選擇嗎？」

「……沒想過原來可以有這種情況！」

「在這段日子，你們一家人看來都已很疲累，也得在照顧自己……我們談論這抉擇時，你有看到，先生明顯多了搖頭和面部的活動？」

家人都表示：「有注意到啊！正想講呢！」

「你們不妨用簡單的問題，讓他可以點頭搖頭示意？」

「老豆！我想返屋企啦！明天再來看你好嗎？」他沒有任何活動反應。我說：「他未必問一次就能聽清楚，聽清楚亦不是一下子就能輕易回應的，可以繼續試試看。」

女兒問：「爸爸，你唔想我們走就點頭啦！」

「前後兩個不同問法，他會很難答。答了亦很難弄清是答哪一樣。試以同一的問法重複多說幾次看看。」

太太說：「老豆，我們返屋企啦！明天再來看你好嗎？」

大家在等著反應。

我問：「你們有什麼信仰嗎？」

「我們都是基督教的。」

「若果時候到了，你們都不在旁，想他等到你們回到他身邊時他才走嗎？」

太太答：「不用呀！」

「那麼，到時你們可有什麼想我們代勞嗎？」

母女互望了一下，女兒說：「若他就是睡夢中走了，就即時通知我們吧！」

「可以！而你們收到通知後，不論何時何地，都可以就地為他代禱！……那麼，你們明天什麼時候再來？」

女兒說：「爸爸，我明早八點再來看你。」

太太說：「老豆，若是時候到了，上天要接你返天家，你不用等我們趕來，我們約定將來天家見！老豆，我們返屋企啦，明天再來看你好嗎？」

李先生很大的點了兩下頭。

「你們見到嗎？」我問。

女兒點頭，太太答：「見到。」

「爸爸，再見啦！我明早八點再來看你。」

柔柔的堅持

最初認識周伯已九十多歲，五呎高，八十磅，但身體挺得筆直的，仍能慢慢行，自己照顧自己。

周伯胃口開始轉差，但從外觀也看不出是晚期癌症病人。他一直待在家裡，周太如影隨形，她的個子比周伯稍為矮小，中等身材，行路反而有點「窒」步。

兩人五十多年婚姻中，有過困難的日子。

「他有段時間常常無理打我，懷疑鄰居對我好，剪斷人家電線，關了人家的水源，和鄰居天天吵吵鬧鬧……我們是自由戀愛的。他很尊重我選擇不生孩子的決定，而且還對我很專一。」周太說。

「那時代，可以尊重你不生孩子而且還很專一，不簡單呢，他亦有壓力吧？」

「對呀！在困難的日子，我仍很掙扎是否要離開他，直到和長者中心姑娘提起，她建議我帶他見醫生，才知道他有認知障礙。開始治療之後，情況才好轉。」

周伯醒來閒著，最愛坐在客廳拿放大鏡讀報紙。周太撒嬌地說：「他常常對別人話我是老太婆，什麼都不懂！」

我佻皮地回應：「所以他要撐著、活著，照顧著你！」

「都係㗎！我幾十年來一直都不用外出工作，做家務便可。現在有公屋住，積蓄亦夠過以後的日子。」

「幸福到呀～」我說，周太笑咪咪的。

周伯口中這位什麼都不懂的老太婆，在

周伯轉差後入醫院期間，由早到晚就守在他身旁：「我有時陪到晚上八點，還未食飯想走，他仲問我咁夜要去邊。」

間中有中心姑娘探訪他倆，其他來探訪的都是長者。她一直不大願意給院方較年輕的家屬或長者中心職員聯絡電話。萬一凌晨時份情況有變，要緊急通知，這位七十多歲的婆婆能獨自安全來病房嗎？

今午走過周伯床邊，見他面色有異，一邊手已摸不到脈搏，另一邊卻很微弱。周太和她獨居的姐姐在旁邊閒聊。我走近「搭嘴」，借意握握她的手，涼涼的。

「有吃飯嗎？」

「下午多數吃麵包……有吃中藥調理幫自己。不過一日兩劑變一劑，兩日藥吃了四天。」她笑笑口。

「在醫院地方不方便嘛，」我亦笑笑口說：「但你『打斧頭』都幾深喎，食少一半！將來周伯不在，無他看著你，你一個人更加無皇管啦！日子準備點過先？」

「之前長者中心姑娘幫我很多，我亦一直有返中心做義工。只是他入醫院後，所有時間他都要我陪在他身邊才無返。中心李姑娘和梁先生都有來醫院探他，仲留私人電話給我，著我什麼時候都可以找他們。」

「他們好像親生仔女一樣睇你喎！」

「係呀！比很多仔女仲好！」

「你會照顧好自己，亦有中心姑娘關照你，周伯要走都安心了。」周太催近周伯，摸摸他的臉說：「我都叫他可以安心。不用擔心我。」

正當我離開處理別的事情，同事通知我，準備替周伯換尿褊時，發現他呼吸停了。

我先看周伯，再去握著周太的手。她的臉通紅，眼濕濕看著我：「我都發現有異了！」

我繼續握著她的手，一起行到周伯身旁坐下。

我待她定一定神，問她要打電話通知誰嗎？她手微震的打開電話在找：「……找梁先生。」

「要我代你同梁先生講嗎？」

「好呀！」

我一直拖著周太，同時拿著周太的電話筒和梁先生對話：「我是安姑娘。現在在周××和周太身邊。周伯剛停了呼吸，周太想我代她通知你。現在還有家姐在旁，無其他人了。你可以過來醫院陪她嗎？」

「可以！我也找中心李姑娘一起來。」

長者中心梁先生和李姑娘大概半小時便到。周太的面色、眼神、情緒亦安穩下來。我們替周伯抹好了身，換上周太預先為他準備好的衣服。

「還有其他家屬會來嗎？」周太說沒有了，她叫他們不用過來了。

我提醒周太這是最後可以近距離觸摸丈夫，最後機會親親他。準備好，道別了，便會送遺體去殮房。

周伯在週日下午的時間離世，長者中心的職員很快就到場，讓七十多歲的周太不用一個人腦空空的獨自回家。送走遺體後，另一位病人的中年家屬問起周伯，說每晚探訪完自己家人，都會順道載周太回家。

周太讓我看到柔柔的堅持。即使無兒無女獨居，仍然可以用自己想要的方法，面對配偶老病死。她要我學習的亦是這些——若你能力所及，可有這耐性柔柔的堅持，伸手扶一把嗎？

大雪

天氣好冷，
然而北方的農夫説：
「大雪紛紛是豐年」。

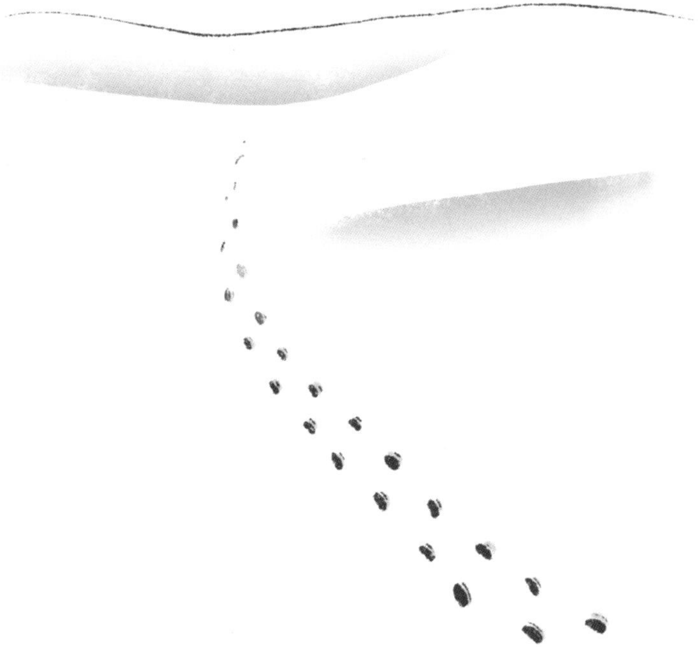

護士加油！

在大班舊同學的群組中：

A：「新冠疫情終於來到啦！」

B：「亞敏，你在dirty team怎樣？」

C：「即使是晚期病人，所有的入院病人基本上都沒有探病安排。恩恤的探訪大部份亦只限於預計一兩天便會離世的病人。」

D：「即是預知親屬快要過身，在他仍清醒時仍不許探訪，直到預計最後一兩天、兩三天才能相見。即使允許相見，亦只有是直系親屬，每次限制兩個，不可換人。」

E：「都無計！對於大多數住院病人親屬的憂心焦慮，我們可以做些什麼？」

安安：「我試過寫：『陳伯剛吃了一盒蘋果蓉做晚餐，現在睡著了。』這樣簡短的短訊，加一張相，傳到陳伯的第一聯絡人：女兒的手機。」

F：「這很好呀！可多做呀！」

G：「問題是並非每位住院病人的手機，都有用視像或者傳發相片的數據。」

H：「不是院方提供的嗎？」

I：「唉！每次要詳細記錄，用完數據亦未知會怎安排。」

J：「你們的PPE夠嗎？」

K：「目前慳住用都OK」

L：「好擔心安老院爆發！」

M：「唉！外國死亡率好高！」

N：「如果香港醫院短時間個案激增，爆煲就『大檸樂』。」

O：「不如諗吓疫情完結，班聚開心一

點！」

P：「我哋要出去旅行。」

第二天

Q：「為亞敏祈禱，安安加油！」

R：「亞敏加油！」

S：「亞敏加油！」

T：「大家加油！」

U：「大家加油！」

V：「約定明年班聚見！」

W：「明年班聚見！」

X：「今年班聚網上見！」

Y：「都得喎！」

亞敏：「我平安呀！大家加油！網上見！」

不准探訪的焦急

崔小姐戴著口罩，剛陪母親入院。

她雙眼無神：「媽媽現在入了醫院，醫院是緊急級別，不准探訪。外面口罩難求，我已網購的口罩不知道最後能有多少到手，萬一中招要去急症室，又要隔離，現在無疫苗，無得預防，中了又話無藥醫……」說話由很急很快，漸漸慢下來。

「就你所知和在你能力所及的，可以做的，都已經做盡了，你想像到你和媽媽最壞的情況會係怎樣？」

「媽媽晚期的病情大家都知，我們知道以目前的形勢，若非頂唔住，她都唔會肯入醫院。我們擔心她在醫院不見我們探望，會驚。」

「以你所了解，她會驚什麼呢？」

「驚不能再回家。驚唔知會點。驚見不到我們。」

雖然戴著口罩，仍然看到她的眼睛有點紅，聲音有點沙啞。我不想進一步刺激她情緒，畢竟涕淚俱下時總不免要觸摸口鼻：「以伯母現在的狀況看，她調好藥後就可以出院呀！」

崔小姐聽到「出院」兩個字，放鬆了一點。

「現在緊急級別下，兒科、垂死病人、丈夫陪產可有恩恤考慮探訪。設探訪限制目的是為了防疫，保障大家。媽媽今次住院主要是調校藥物去控制症狀。她如實告訴我們身體症狀，如果按時、依足份量服藥後仍有任何不適，要主動反映，這樣會幫助到我們盡快把藥物調校好，就可以快點安排出院。」

崔小姐點點頭。

「伯母的情況未至於垂危，她尚有能力可以和你們通電話，彼此打氣呀！你們要預備後備電池給她。開心的全家福相片、寫信，都可以支持她，使她不感孤單。」

「信！真係好耐無寫了！」

「親筆寫的更有溫度啊！不過字要大隻啲，自己親手繪圖都是很好的。」

「可以請院牧來探她、支持她嗎？」

「院牧臨床探訪服務已經暫停，不過我可以轉介，讓院牧用電話聯絡你們和伯母，支援大家。你們亦可以相約每日同一時間，即使在不同的地方，一齊誦唸同一經文，為同一意向祈禱。」

「要為母親的康復祈禱！」

「可以呀，還可以祈求今年的新型冠狀病毒疫疾迅速熄滅，為病者得安康禱告。」

「要為所有前線醫護祈禱，一個都不能少！」

「可以為所有在不同崗位上出力的市民祈禱！互相守望相助，在紛擾中內心得平安。」

「盡人事……」她未說完，我已補上一齊講：「聽天命。」

大家相視點頭。

我對自己說：多謝祢時刻提醒我以平靜的心境和微笑，面對未知和死亡。

探唔到的預先準備

家人病入晚期需要入住紓緩科病房。作為聯絡人的家屬，一直握著手提電話，沒有接到醫院電話，日掛夜掛；一見來電顯示是醫院電話，登時心跳加速手心冒汗。

「喂，你好，是陳大妹嗎？」

「是的。」

「我是××醫院××病房的安姑娘。你是陳大文的貴親？」

「我是他的大女。」

「你好，由於病房限制探訪，知道家屬會很掛念，所以都就著工作量，盡量每隔幾天打一次電話過來報個平安。」

「好呀，多謝你呀！」

「你看到早兩天我們透過WhatsApp傳送了一張陳大文坐出大班椅的照片嗎？」

「有呀！」

「現在我們基本上每天都會按他的精神情況協助他坐出。不過他並不是每一次都願意坐出來的。我們就用拍照給家人報平安來鼓勵他。」

「姑娘他胃口好嗎？」

「一餐一餐不同，今早可以吃到一大碗麥皮。中午只吃到半碗粥。晚餐就全沒有胃口了。見到你們下午有送私家湯來，我們晚餐就用私家湯引他吃，但他也沒有什麼胃口。」

「爸爸有得沖涼嗎？」

「有，這個星期沖涼洗頭了兩次。昨天剛洗過。」

「姑娘我很掛念爸爸，什麼時候可以來看看他呢？」

「很抱歉，目前你爸爸的狀況尚算平穩，暫時仍未能安排作恩恤探訪。不過你可以先做一些事前準備。」

「什麼準備？」

「雖然目前未能安排探訪，但是他所需要的物資支援例如尿褊、濕紙巾、乾紙巾、私人食物等等，每幾天便要帶來補充。現時即使可以恩恤探訪，院方都要求來訪的直系親屬要有七十二小時內COVID-19測試的陰性結果。你可以先去了解一下在哪裡拿取標本瓶、交去化驗的途徑、甚至可以做定檢測，那麼隨時接到通知，便可以來。

第二樣若條件許可，可以預備一個能做視像通話的電話留給陳伯在病房內使用。方便我們傳送他的相片、短片、甚至作為你們視像對話的工具。不過病房的Wi-Fi很弱，未能支援。」

「我會準備數據咭。不過，現在爸爸的情況根本不能自己接通電話。」

「這點我們會盡量協助的。首先請你把帶來的電話解鎖。由靜音、震機轉為響鬧，並且阻斷外來陌生電話。」

「那麼我們什麼時候方便打來呢？」

「一般你們亦很少半夜打來，其他時間其實亦不好說。幾時你打電話來，同事聽到響聲就會代為接聽。萬一接不到，你遲一些再打過來，家人之間最好預先有協調，因為每一個病人一天好幾個電話，我們亦會應接不到。

我們接到電話後，會把電話放好一個位置，開用免提，你們便可以傾。我們亦會離開繼續工作。傾完你主動收線便可以了。一段時間後，工作行過再把電話放好。」

「可是，爸爸不能握著電話看我們。」

「是的，所以可以有一個固定在床邊隨意調校角度的支架，即使陳爸爸躺著，我們亦可以在一開始時把鏡頭向準陳爸爸。不過傾談期間，若果他移動了身體，我們就未必能即時去調校正了。這點希望你能夠體諒。」

「但如果電話沒電？」

「希望你可以準備一條他自己用的叉電線，方便在床邊我們替他叉電。至於所帶來的電話，能夠應付所需功能便可以了，不要帶太名貴的，以防丟失造成損失。」

「明白了，謝謝你！」

「呀，順帶一提，如果你們以視像通話打過來。我們在這邊接通了之後，你可以在你那邊去增加其他人一起的合併視像通話。不過，爸爸這邊的電話畫面不一定見到這麼多人，難看得清楚你們的面孔。」

視像陪吃飯

「姑娘，我真的很擔心這段時間不准探病，怎樣照顧媽媽！」

「伯母今天第一日入院，你可以告訴我你具體擔心甚麼嗎？」

「媽媽胃口不好，每餐都要吃鹹魚、腐乳這些，而且通常都要我餵才能多吃幾口。現在醫院不准探訪，我擔心她不肯吃飯。」她有點著急：「我都不知點講……她就是要鹹魚、腐乳這些……」

「她要吃軟飯定正常飯？」

「要軟飯。」

「愛吃粥、米線、意粉、麥皮之類？」

「粥、意粉都吃，平時很少做米線、麥皮，所以不知她吃不吃。」

「喜歡白粥還是肉粥？」

「兩者都可。」

「瓜菜方面有特別喜好或者要特別切碎嗎？」

「菜要切碎，瓜要切細粒才能吃到，不好意思！」

「放心，這個可以提供的。那麼，魚柳、蒸蛋、豆腐會比肉粒較易進食，對嗎？」

「對呀，肉粒她會吐出來的。」

「肉蓉會好些嗎？」

「或者會好些。」

「她除了愛吃鹹的外，也愛吃甜的嗎？」

「都愛的。」

「水果味的呢？」

「甜甜酸酸的她都愛。」

「好呀，那麼看來我們可以揀軟餐給伯母。三餐以外，廚房可提供盒裝果汁及奶類的補充品，亦有合伯母口味的，可供她選擇。鹹魚、腐乳方面，廚房未必供應得到，不過可以額外加添醬油的。」

「我可以帶自己煮的飯餸來嗎？」

「自家飯餸的確會更合伯母口味，增加她的食慾，但是目前不建議帶外來的食物到病房，以減低感染風險。」

「希望媽媽吃得慣啦！我去找找市面上細包裝的鹹魚、腐乳看看。」

「她要戴假牙吃飯嗎？」

「假牙已不合戴，而她不戴也吃的。」

「她平常吃飯前還有甚麼生活習慣細節嗎？」

「我們習慣先替她檢查尿片，清潔舒適後，坐下來或者在床上坐好，要她洗手，一起唸飯前經，接著就開始餵她。」

「你講多些她日常吃飯的習慣細節給我聽。我會把她的習慣都記下。一陣我給你一張紙，麻煩你把飯前經的經文寫在上面。我會貼在當眼處，方便同事引導她進食。」

「你剛提到伯母要見到你才吃，過去若你不在她身邊而她又鬧著不吃時怎辦？」

「家人會用視像打給我來哄她吃，她有時見到以為我在，便會吃。」

我笑說：「你們真有辦法！你可以留個可作視像通話的電話在床邊，作不時之需嗎？」

「醫院准許嗎？我可以呀！」

「可以的，不過當然，貴重物品我們不負責保管。」

「明白。」

「你要檢查那電話是否不用解鎖都能用呀！」

「知道！有視像哄她，我放心多了。」

「那就好了。不過當然，除生活習慣、心情外，我們還要慢慢了解伯母胃口差的其他原因，去控制症狀。」

只能視像通話

蔡姨的腫瘤「侵犯」到大腦，連串治療令頭上只剩下十數條秀髮。

她在醫院卧在床上，一切起居都要別人照顧，所有活動力就是：眨眼、咳嗽、咀嚼、吞嚥、排泄，說話不再完整，有時是重複的疊字，有些有意思，亦有些叫人摸不著頭腦。

防疫期間限制家屬探訪，病人和家人都同樣面對壓力，感到鬱悶——我們可以多做些什麼呢？

難得冬日下午陽光普照，一於和同事夾手夾腳搬蔡姨到高背大班椅坐好。她雙眼瞪得大大的，很有神，又眨了眨眼，喉嚨發出的聲音雖然意思不大清楚，可是聲音是有力的，看上去精神不錯。她被搬動時，咳了一兩聲，之後就穩穩地坐著。窗外的陽光灑在她的面上，我把握這一刻為她拍照，傳給她的女兒，希望為滿心牽掛的女兒帶來一點溫暖。

過了幾天，蔡姨少了張開眼睛，就算張開，也是微微地。她吃少了，吞嚥更易嗆到，連重複疊字的句子亦說不到了，咳嗽也無力，面部表情變化很微弱。她的眼睛極其量只是張四份之一，沒有焦點地向下直視——家人繼續不能來探，我們除了日常照顧，還可以做些什麼？

把握工作中的一點空檔，想用手機替蔡姨和她女兒視像通話。可是女兒說母親手機功能有限，做不到。再傳近照給女兒？手機顯示「重試」。最後我和女兒交代蔡姨的近況後，就用蔡姨個人手機打電話給女兒，我開著免提，把手機貼近蔡姨耳旁，讓女兒向蔡姨講電話。

女兒交代家人近況，我看著蔡姨的反應。在女兒停頓了一陣，我就告訴女兒說：「伯母原先合上眼休息，她聽到你的聲音後，撐起三份之一的眼睛，喉嚨多發了聲，呼吸亦加重了，你聽到她的呼吸聲嗎？」蔡姨的鼻尖有少少轉紅，但我沒有描述給女兒知道。

「我聽到呀！」女兒馬上說。

「我仍握著手機放在你媽耳邊，暫時只能用這方法讓你們溝通。媽媽明顯地聽到你，認得你。你仍有什麼想向媽媽講？你想停止時就講停止啦。我會把手機放在媽媽耳邊，你講完直接收線便可。」

「哦！好，唔該姑娘！」

「媽！你放心我們，爸爸⋯⋯哥哥⋯⋯我⋯⋯媽！你要⋯⋯」

蔡姨眼睛不時闔上，又再撐開，喉嚨努力地發聲，我輕撫她的前額，心裡為她們祝禱。

有人把這段時間與二零零三年沙士期間相比，今晚我想感謝一個人：已故光纖之父高錕教授。當年不太容易有視像探訪，現在一人一部手機就可以一起看到彼此。

有限度探訪

叮噹！叮噹！

「喂，你好呀，有什麼可以幫到你？」

「姑娘唔該，我來探陳×文的，我係他太太。」

「唔……對的，陳太，姑娘通知你今天可以來探訪。你最近有無發燒或者感冒的徵狀？」

「沒有。」

「麻煩你先坐低，填好放在門外的探訪表格。」

陳太邊看邊細唸：「請填報……資料……作為預防及追蹤傳染病……只作上述……控制有關目的……保密……九十日後銷毀……如有發燒或呼吸道感染徵狀……勿進入病房……前往就醫……」

叮噹！叮噹！

「我已經填好了。」

我走到門口說：「陳太，你好呀！我係安姑娘，昨天和你通過電話。」

陳太點點頭說：「你好，我先生係咪好差？」

「現在限制探訪，你上次見陳生和現在相隔有多久呢？」我一邊講，一邊為陳太探熱。

「足足十三日，成兩個星期！」

「37℃，無發燒。你一定很掛住他了。」

「係呀！」

我填上陳太的體温，一邊查看她填寫的表格，邊說：「你和其他家人或者同住的最近有無發燒感冒的徵狀？又或者是由爆發新冠肺炎的地區返港，正在居家隔離之中的？」

「沒有。」

我留意到陳太有正確佩戴口罩，便示意陳太用酒精搓手液潔手，然後跟我去見陳生。沿途邊走邊說：「這幾天我們用視像讓你見陳先生，但無得探，你心情怎樣？」

「好多謝你們！心好掛，又好無助，無辦法！」

「我陪你一齊去見陳生。」

走到陳生身旁，陳太叫道：「亞文，係我呀！亞文！」

陳太見陳生沒有回應，上下打量：「亞文！你口唔口乾呀？我餵你飲些水好嗎？」她很快倒了一杯水準備用匙餵陳生。

我趕緊問道：「水夠熱嗎？」一邊調高陳生的床，由平卧至半坐位置。

陳太測試水温，答：「夠。」

我輕輕叫了兩聲：「陳生！陳生！你醒醒！你太太來了，你口渴嗎？」

陳太一手拿著杯，一手拿著匙，眼睛注視著陳生。

我再說：「陳生睡得很甜，邊睡邊飲水食嘢，容易落錯格，會嗆，不如等陳生醒了才餵他飲水吧。」

「但係，佢口好乾喎！」

「陳生半張開口和鼻一齊呼吸，口好易乾，所以我們每四小時就用這些漱口棒，沾漱口水來替他洗口，之後再塗些橄欖油在嘴唇、舌頭上面，就會無咁乾。陳太你可以試試呀！」

「點洗呀？」

我邊示範邊講解：「沾漱口水時要壓多餘的出來，以沒有水滴會流入喉嚨為準，然後當牙刷般刷洗牙齒、舌頭前半部，洗得太入會刺激想嘔，然後刷兩邊腮位，最後嘴唇。一支洗口棒未能洗淨，可用第二支。你想試吓嗎？」

「好呀，姑娘你睇住我洗呀！我驚整親亞文。」

「洗得好好呀！陳生正在睡覺，勉強餵水食

嘢，好易落錯格。小心，有心機慢慢洗，密密洗，一樣幫到陳生，令口不太乾。」

抗疫期間，家屬探訪受限，日常生活亦壓力重重。難得相見，病人本身可能已有很大變化。無論探訪前做了多少準備，家屬都未必具體了解情況。掌握去到哪個程度呢？

她腦海中至親的需要與現實中有落差嗎？當中有隱藏的危險嗎？如何滿足她的需要呢？如何在當中將挑戰轉化為成功感呢？同行中互勉！

冬至

這一天，陽光幾乎直射南回歸線，北半球白晝最短，黑夜最長。

內疚無法親自照顧

「亞冰，你媽媽情況好嗎？」

「她只是入醫院，不明為何她的口可以變得咁污糟！過去我一直照顧，從來未試過這樣的。」

「你看到什麼？」

「探訪期間病人和家屬雙方全程都要戴住口罩。如果不是我偷偷想餵她喝湯，不會發現到她條脷黑晒。唔知幾耐無人同佢刷牙洗口！我好嬲，好想投訴！」

「我聽到你現在講返都好嬲，你之後點做？」

「當然第一件事就是幫媽媽刷牙洗口！」

「洗完好點嗎？有洗出什麼來嗎？」

「點都會好點！起碼洗到少少食完嘢、藏在牙縫牙齦間的食物渣。」

「多嗎？」

「多！」

「似是上一餐剩下的，還是幾日的？」

「咁又無幾日，我無得每日探，應該都是當日的。」

「聽來即使沒有每餐之後都洗，都不至於幾天都無洗。條脷的黑色，洗完口有淡色一點嗎？」

「好似淡一點。」

「若果與洗掉食物殘渣相比，脷上面黑色部分，洗完之後，不像洗掉食物殘渣個效果那麼明顯。」

「可能要洗好耐先至得。」

「以你觀察，那些是停留在舌頭表面的黑色

污物，還是是由舌頭內裡透出來的顏色？」

「唔會係由內裡透出來的顏色啩？黑色咁恐怖！」

隨著身體內在的變化，舌頭是有機會變成黑色以反映內在情況，在中醫舌診內有更深入詳細的認知。

「不妨繼續觀察留意，或者問問醫護人員。」

「唔問他們！可能連他們都不知道！」

「你心目中覺得……他們應該……」

「他們應該留意到這些變化，並且主動告訴家屬，條脷黑晒喎！」

「你覺得媽媽條脷由正常嘅紅潤變到黑色……咁恐怖！作為醫護人員，理應觀察到，同埋應該主動通知家屬。」

「無奈埋身照顧的工作，都再不能夠親力親為。」

「你媽媽任何的變化都容易引起你焦慮、心急如焚，內心會好難受。」

「係呀，最擔心是轉差都唔知！應該做的、可以幫到媽媽的無做到。」

「不能夠自主、不能夠充分自控掌握、又不能完全信任醫護人員，交託他們照顧，實在煎熬。」

「不過他們咁忙……就算想都未必做到……」

「欣賞彼此在困境中的付出和努力。互相加油、互相扶持嘅關係，目標一致才能夠一步步踏實地同行。」

探病好艱難

亞冰很苦惱，除了從媽媽的舌頭變黑，聯想媽媽得不到妥善的照顧，更迫切的還有探訪的制肘。

「媽媽已經晚期，親人探訪都制肘多多，無打齊兩支新冠肺炎針兼夠十四日，又要留深喉唾液，樣本要由收集日七十二小時內呈陰性才可以探。打齊晒兼夠十四日的，亦要二十四小時內做快速測試呈陰性，仲要影張有自己樣、檢測報告、檢測包裝袋和説明書的相做證明……」

「記得你話過姨媽八十幾歲，她身體未必適合打針。想探訪就要事前做深喉唾液檢測。」

「就算辛苦排隊做了，報告能夠好彩兩日內出到的話，都只能即日申請探訪。屋企人要安排到人手陪伴，錯過了時限就要再做過。」

「而你打了預防針嘅就……」

「每次自購快速測試自己驗，都要成一百三十五蚊！其實都好貴，換來的探訪一係就一個人探一小時，一係就兩個人探半小時，還必須要探訪時間內！唯一好處是知道今日可以探，就即時檢測。」

「稍為放寬了一些探訪之後，新的壓力就變成檢測的協調和費用？」

「仲有係二、三舅母，大、四姨丈，表兄弟姊妹，媽媽幾十年的死黨，九至十四歲由細帶大的孫輩都想來探。但是目前一星期只能有兩次探訪，合共只能見到三個人。就算只要見我們一家，老爸連我們兄弟姊妹四個人，一星期都見唔完。媽媽自己的八個兄弟姊妹呢？他們的配偶呢？五個孫仔孫女呢？」

「真係好傷腦筋。」

「長老們每日幾個電話來追問我，媽媽好想見他們，尤其係那幾個孫！」

「你有同病房姑娘反映嗎？」

「當然有！他們説媽媽還清醒，食到嘢、講到電話，叫我們探訪時，幫她與這些親友視像通話。」

「媽媽有無話最想見邊個？」

「姨媽之後最想見孫，再之後就未知。」

「以我所知十二歲以下無得探，直繫親屬一般就指配偶、仔女、父母、兄弟姊妹。目前唯有依媽媽意願排住先。無家人在媽媽身邊時，她在病房可以打視像電話出去或者接視像電話嗎？」

「姑娘話會盡量協助，幫忙叉電。話醫生亦會每日留意媽媽身體情況，盡量放寬探訪。」

「聽落姑娘都願意幫忙。一邊協調住，一邊安排做定檢測吧！你最擔心的是？」

「依家媽媽仲講到嘢，認得人。不趁現在探訪，難道要等到她昏昏沉沉時先可以睇？到時已經唔能夠再溝通了。因為疫情關係病房嘅限制我係理解嘅，但係媽媽情況這樣，不揸緊機會大家亦會遺憾內疚，擔心媽媽唔等得。」

年老親人來探訪

「安安，亞冰呀！今次輪到姨媽想去醫院探訪。我有些不放心。」

「是嗎？你不放心什麼？」

「姨媽年紀都大，八十多歲。她和媽媽感情很好，嚷著要去醫院探媽媽亦已經一段日子。昨天她特意去做了新冠肺炎的測試，報告是陰性，所以無論如何都想安排她去看一次。」

「她知道你媽媽的近況嗎？」

「知道。」

「她是聽你描述媽媽情況，還是怎樣得知？」

「之前是媽媽在電話上親口告訴她，之後差不多我每次去探媽媽，就開視像電話給她看媽媽。」

「她之後心情怎樣？」

「姨媽很傷心。外婆生養多，雖然姨媽只是大媽媽幾歲，小時候媽媽卻是姨媽帶大的，大家感情很好。從小媽媽亦教我們要錫姨媽，要念恩。」

「這樣看來，終於能夠安排姨媽去醫院探訪，圓姨媽一個心願，是一件好事。你媽媽想見姨媽嗎？」

「媽媽都想。」

「你不放心的是……？」

「姨媽只能一個人入病房探媽媽，她們始終很久沒見面，不知道她們能否受得了。」

「那又真是有點令人擔心。亞冰，你會陪姨媽去醫院嗎？」

「會呀！我會先去姨媽屋企接她，順道帶紙

尿褊、乾濕紙巾去給媽媽。探完後亦打算先送姨媽返屋企。」

「好。在去醫院途中，你可以試試用視像電話打給姨媽，確定她懂得接視像電話，說好她見到媽媽之後，便接通你打給她的視像電話。你就在病房外，用視像電話看著，留意是否需要任何即時支援，或者以後要如何跟進。」

「唔……這亦都可以。」

「若果你察覺到她們想單獨相處，便問問姨媽是否想單獨陪伴媽媽？然後再掛線。」

「可能都要。」

「若果覺得姨媽需要做一些照顧媽媽的事情去穩住自己的話，可以考慮預備一個小面盆和手巾。到時提姨媽盛一小盆暖水，浸到腳眼便夠了。讓姨媽在探訪期間，幫媽媽用水洗手或者洗腳，之後塗上潤膚膏或者香油。」

「怎樣洗？」

「先在床上放隔水床墊、毛巾、暖水盆。盆內隨喜好放幾滴沐浴露，小小不至起泡便不用過水，亦可加一兩滴花露水，洗手或腳，抹乾後塗上潤膚膏等，想簡單一點，可以用抹身紙代替。」

「抹身紙會簡單些，不過我估她們可能想用水洗。」

「若果姨媽手眼協調仍很好，平時可以自己剪指甲的話，亦可以趁機會幫媽媽修甲。」

「你贊成姨媽做咁多嘢？」

「中國人普遍較為內斂，不慣用說話表達內心情感。以上種種藉著身體接觸加強彼此的連繫，表達愛錫和感受被愛。她們常常想找一些事做，讓自己好過一點，只要那件事情是在能力所及，沒什麼危險，雙方受落便好。」

「明白了。」

「這次探訪，病房限制可探多久？」

「最多一個小時，不可換人。」

「你再不放心，可請當值醫護人員從旁留意

一下。一個小時很快便過。」

「好的。」

「回家途上，你再陪陪姨媽傾偈，去吃點什麼才回家，又或者再請她同住家人關顧一下。長輩們經歷過不少艱苦日子，相信她們是有力量的。」

不令人難堪的體貼

「亞冰，陪完姨媽探媽媽，情況怎樣？」

「以前每年的暑假，都是去姨媽屋企玩，姨丈是海員。姨媽在家除了照顧五個仔女，亦會出舖頭幫手。就算她不在家，我都會待在她的公屋單位，當年家家戶戶都只是拉上鐵閘，打開木門方便通風，小時候會串門子：在走廊玩、在她鄰居家看電視、在姨媽家找她藏在廚房吊櫃裡，鐵罐、玻璃瓶的花生糖、話梅……」

「姨媽為你早早準備。」

「對啊！我沒想過呢，以當年的環境，她不準備，我又怎有得吃！」

「你怎知她藏在那裡？」

「她在家時，忙了一大個早上，就會自己煮奶茶，從那吊櫃中拿一兩塊餅，坐在廚房慢慢地吃。她會叫我吃，可是我總不好意思要。到只有我在她家，替她做完一些家務後，就會去找花生糖、話梅、又或那一大罐已經開了的蛋卷。」

「姨媽知道你取這些零食嗎？」

「她知道，但會扮不知。」

「點解？」

「她就是那種默默付出，靜靜用心準備的人。令人受用得來不會難堪。」

「不輕易說出口，要細味的體貼。」

「是。那天接送姨媽和陪她探媽媽時，才注意到她老了不少。」

「時間不留人，你自己亦很忙。也不是想疏忽了她的。」

「是的。趁稍稍開始可以探病，我知姨媽會想再探媽媽，遲些再安排。」

「你媽媽知道，你沒有忘記她教你要記念姨媽的恩、會錫住姨媽，相信你媽媽亦會很安慰。」

不如回家？

亞冰不斷申訴醫院探訪的制肘，我於是問：「這樣的情況，有其他選擇嗎？」

「有嗎？」

「我知道你媽媽入院之前與你同住，如果媽媽可以在家裡養病，其他屋企人去探訪就方便很多。」

「我有同幫緊我的鐘點姐姐傾過，她可以加鐘幫忙。短時間應該可以應付。不過我真擔心她在家，不舒服時可以點樣搵姑娘、醫生？怎俾針藥？家裡又能否應付？」

「除了醫管局護士家訪，這年幾有上門的自負盈虧的居家安老服務，整個團隊一條龍服務，就算病人選擇在家離世，也可以處理到。」

「我沒想過留媽媽在家離世！」

「只想說，香港是有機構可以提供這樣的支援。」

「若果都是要住院呢？」

「除了醫管局以外，亦有其他自負盈虧的機構提供住院的紓緩服務。我在FB網頁上見他們的探訪似乎限制較少，可以去了解多些。」

「若果要幾萬蚊一個月，點負擔到？」

「唔住一個月半個月得唔得？唔住半個月，一個星期又得唔得？就是這段時間，讓其他不是直系親屬的親友盡量探訪。直到要返醫管局醫院，才跟病房互相配合。」

「這亦是一個出路。」

「雖然我這樣說你或者會覺得有些冷冰冰，不過你不妨向主診醫生了解一下：以他預計，媽媽日子尚有多少。她的狀態能否承受轉院？

為媽媽，為你們一家人作一個實際可行嘅安排，減少一些將來的遺憾。」

「變數真係好多。」

「是的，只能夠在當下，做最合適嘅決定。如果媽媽情況轉壞，不能承受轉院，留在現在嘅醫院，醫生都會相應放寬恩恤探訪的次數。若果到時每日都可以探，每星期可以見幾多人次，可以先想想怎樣協調。」

「都只能見步行步。」

「對，只能夠這樣。你一個人要做這些決定，實在太辛苦，屋企有無其他人可以分頭蒐集資料，一齊商量，一齊做決定呢？」

小寒

天氣寒冷，未來會更冷？

疫情下的病房

家屬：「因為疫情，家裡住院舍的『長老』一月份已開始隔離。原本家人每週都會去院舍探望，一起出外飲茶吃飯，今年只能視像直至入醫院。」

家屬投訴：「他是晚期病患，在內科病房獲得院方恩恤探訪。每天家人都可以每次兩人探訪。因為想有更好的徵狀控制和照顧，我們選擇轉來紓緩科——萬萬沒想到每週只可以兩次探訪，每次只是兩個人探一小時，並且不可以換人！

我們明白他已步入晚期，唯一可以做的就是陪伴。若然你們探訪限制比內科更嚴謹，我為什麼要轉他過來呢？過來之前你們同事說我們可以一直陪伴在病人身旁的。」

當面用電話向負責接洽的同事，證實了沒有這樣說。

同事回答：「他在內科病房，可能是少收的一兩位晚期病友，較易安排家人每天到訪。可是來到這裡，全間病房都是晚期的，若然讓每一位病者的家人每天都可來陪伴，怎樣平衡疫情傳播風險呢？我們只有大房，沒有獨立的房間，每位探訪者都可以是隱形傳播者。

我們已經分開三個時段，以每位病人有兩位家屬探訪計算，也沒辦法做到一點五米社交距離。若果病友都住獨立房間，會比較易辦，可惜現實不是這樣。」

另一位家屬說：「今天晚期的家人還可以認得我們，在這最需要心靈關顧、互相支持連繫的時間，院方限制我們探訪，難道要等到他神志迷茫才給我們探訪？到時還有價值嗎？」

同事唯有答：「今日他還清醒，可以視像電話和親友交流。他日神志迷茫，只能靠身體皮膚觸感和聽覺來聯繫。」

舌癌病友過去吊兒郎當，有多位太太女友，子女都失去聯絡，漂泊一生。

「如今風光不再，你如何評價這一生？」我問，他笑笑口，勉強地答：「十八年後又一條好漢！」

「你相信輪迴？」

「唉！」他在病床上淡淡然：「人生就是這樣！」

佛教院侍可以探訪嗎？不可以，只可以電話聆聽支援。試問做了舌頭手術，説話吐字不清，怎樣靠電話表達自己，得到支援呢？

醫院、院牧、法師通通都只能用電話支援，病友私下認識外面的神父、牧者、法師則可以個人身份來作傅油、洗水禮、誦經作恩恤探訪。

還有她，病房只准直系親屬：丈夫、太太、子女……她現在唯一叫得出名字的，是身邊的外傭。外傭每天都為她搥背按腳、可以哄她入睡，早晚相對，現在不能來了。

還有他，最知道心意的金蘭姊妹、同鄉兄弟……朋友不是直系親屬，也不能探訪。

有時間有心來的鄰居不准來，為口奔馳或者心不在此的直系親屬，醫護要打電話勸説多點來。

更不消提另一位病人有十個仔女！每天來兩個也要五天才能全部見一遍，他還有這日子嗎？

——「你們可以視像呀！」

凡此種種，你可以想像到所積累的怨氣有多重嗎？

充滿無助、無望、怨氣之下，你才能知道你有多愛這工作，如何可以持守你的初衷。

穩住工作的心情

「我們這一家六兄弟姊妹都要探！」

「伯母的情況尚算穩定，你們可以按返探訪編排過來嗎？」

——「唉，家屬時常衝關，借意又留過時，就算提都不聽，之後的家屬又已在外面等……」

另一邊廂。

「陳先生，陳伯情況這幾天都在走下坡，你想來看看他嗎？」

「唔得閒喎！」cut線！

——「cut我線？！好心通知你仲cut線，過份！」

過了幾天，「喂！陳先生，我是×姑娘。陳伯這幾天情況又更再走下坡，你有時間想來看看他嗎？」

「知㗎啦！你們好多人打過給我了，得㗎啦，唔使搵食咩！」

「咁……但係可能下次再打給你的時候，陳伯已經過咗身，你OK嗎？」

「得啦，都預咗㗎啦。你哋唔使咁煩！」cut線。

——無辜辜，又被cut！

什麼是好？什麼是壞？

家屬眼中的圓滿，等於同事眼中的圓滿？

家屬甲重視的，等於家屬乙重視的？

不同人心中的圓滿，影響了工作的心情？

——「眼前的人，心中的圓滿和理想無法達成，感到失望時，我可以如何保持自己的心情不受影響？或者將影響減到最低？我自己心中的圓滿，又是什麼？」

無奈身不由己

「太沉重了！我們就是其中一個阻攔他們去探訪的人，實在很無奈，很身不由己。」

「唉，剛才聽見新收陳伯的女兒說：『這一年，為著可以探望爸爸，每次知道他會轉院、轉病房，我們就在當天早上，在原本的病房門口等候，期待他由輪床輪椅推出病房，直到上十字車之間這段路，可以看到他一兩分鐘。

接著又盡快趕去目的地醫院或者病房，在下車處或者接收的樓層等候，希望可以在他被推進病房之前，再望一兩眼。

我們兄弟姊妹盡量都分散各處等候，唔知等到幾時，唔敢行開去廁所，連水都唔敢飲多口。感覺就像犯人送上刑台之前，家人渴望送上一碗飯，期望可以在路過的時間摸摸他的臉。』」

同事說完，靜了。

我於是問：「回想起家屬說話時，你自己的心情如何？有什麼聯想？」

「太沉重了！我們就是其中一個阻攔他們去探訪的人，實在很無奈，很身不由己。」

「的確是！我也在想：同一天空下，每人都在扮演不同的角色。病者和至親在這段時間，彼此越愛越受分離之苦。各個院舍內工作的照顧者在這個環球疫情底下，可以做什麼去守護病者、院友和家人？」

「照顧好自己，避免染疫，預防交叉感染來保護工作間內所有的院友病人。」

「對，我們每一個都可以成為下一個染疫的人。今天只是因為自己的崗位才能夠去照顧他們。如果我們視他們每一位都如自己的父母親人般照顧，每個家屬就如是自己的親人。在這個充滿限制的境況下，我們就可以因著所在的崗位而成為別人的一點安慰。」

家人點都要見

「佢都唔接受！」

「發生什麼事？」

「曾婆婆的女兒囉！明知疫情之下根本無得探病的，見亞媽病情走下坡，又苦苦哀求。婆婆情況未去到生命的最後幾天，已經讓她在每天早上時段進來餵媽媽，她仍然抱怨不可以早晚來、抱怨每次只可以最多兩名家屬入病房——新聞都報導多了本地感染個案，他們總是要衝關似的！難道要看到××醫院感染群組，醫院病人和工作人員都入駿洋邨？」

「你對曾婆婆女兒的抱怨，種種進一步的需求，覺得……厭煩？定還有其他？」

「厭煩！當然啦，我們根本在走鋼線，新冠肺炎不是同你講玩的！無酙情可以講的！」

「面對新冠肺炎，看到外國染病和死亡的數字，真是驚的。」

「仲有，天氣熱了，戴口罩在街上大家都難受，多了人無戴好口罩；復課小朋友返到學校，人多聚集，真係隨時爆發。」

「你的擔心和憂慮，正正也是很多家長的憂慮。」

「你估我們唔想放家人自由入來探咩？都要顧吓後果㗎！出咗事，被人罵的咪又是我們這些前線！」

「出事……唔……我諗你是指××醫院成為感染群組，以及出事後被人罵，兩樣都唔想的。但若果真係要二選一，你唔想邊樣多些？」

「當然係唔想中招啦！」

「曾婆婆的女兒，以至其他病人家屬，不明

白有這危險？會帶來的後果？」

「有些是的。」

我問：「即是有些唔係？」

「有些是明知都唔理。」

「什麼讓他們明知，都選擇唔理？」

「唔……至親已經要死，反正都死，所以不理，點都要見。」

「這是為什麼很多不同的家屬，都會不同程度地試限制探訪這條底線。他們理性上知道，現實要無奈地接受，但情感希望平息那打翻了的五味架，眼白白看著至親快要離世，很自然去爭取以往白白流失了的時刻。」

「得咩？」

「家人比誰都清楚，幾十年所積累的恩恩怨怨，到這關頭，他們的心情、情緒，可以想像。疫情下的探訪限制，有時只是導火線。」

「我們可以做些什麼？」

「看看可否引導到家人的情感與病人連繫，由衷的向病人講到這一句，或者這幾句。」

「講什麼？」

「對不起！」

「請原諒我！」

「謝謝你！」

「我愛你！」

誰可去醫院探？

「明明話限制探訪，點解一陣又侄仔，一陣又女友，一陣外傭姐姐都放寬可探，好難做啫！」

「你覺得誰可以探？」

「直系親屬囉！」

「誰是直系親屬呢？」

「當然係丈夫妻子，父母子女這些啦！」

「直系親屬這四個字，直截了當。簡單、易明、便捷——從管理操作的角度看，這指示直接簡單。從家人的角度又怎選擇呢？」

「會有差別嗎？」

「唔……你有聽過家屬問：可否讓病友的侄仔、姨甥、外傭姐姐來嗎？」

「有。」

「點解在限制探訪之下，直系親屬會這樣問呢？」

「人人都希望可以有特別的例外通融。」

「你指是想有特權？」

「是的。」

「噢！」

大家靜了片刻。

「以你所知，在陳伯心目中，他想見到誰來探呢？」

「他家人話他想見外傭姐姐。家人話外傭姐姐照顧陳伯多年，姐姐餵他食飯，吃得比同住的女兒餵更好。」

「單身的李先生想見到誰呢？」

「他想見同居多年的女友。」

「他們的情感其實和夫婦無異。年長獨居的

張女士又想見到誰呢？」

「她想見姨甥女、她的牧師。」

「哦？點解想見姨甥女和牧師？」

「她想交帶身後事！」

「黃婆婆呢？」

「她很記掛在美國的女兒和外孫。她們都由疫區回港。」

「在疫情之下，我們需要平衡感染風險。控制探訪人數，分配見面地點。限制甚至拒絕在隔離令下的，又或有感染徵狀的。家屬的探訪登記紀錄，必要時用作追蹤感染。但在這以外，在生死之中，誰是病友心中所記掛的？哪位親友是獨自在日思夜念的呢？」

每一個拒絕探訪，都有機會背負著病者、親友一生難以彌補的遺憾。當同時面對幾十位晚期病人和家庭，一切盡力而為。

祈求疫情早日平息。

只能盡能力

「姑娘，我係×號床，陳×的女兒。想問吓探期可以再放寬一些嗎？」

「你們現在相隔多久來探陳伯？」

「隔天便來。」

「依你看，陳伯今天的情況和上次你探訪他時的情況有不同嗎？」

「都差不多。他目前沒有什麼意識似的，只靠我們來到，握握他的手，呼喚一下，他才動動眼皮。我們家人想每天都來。政府都公布了放寬探訪啦！可以通融多些嗎？」

「你都有留意到有關公布。所指是即將由『零探訪』，放寬至每週一次，每次一位家屬探訪。相比起我們的安排，我們已早早關注到陳伯和你們的需要而放寬更多了。」

「唉！」

「在疫情限制探訪之下，病重病危者和至親難受，是怎樣都說不清的。我們亦要因應整個病房所有病人的情況變化作出探訪調動。」

我望望陳小姐無奈的眼神。

「如你所說，雖然陳伯這幾天的情況是穩定地維持差的水平，我們維持你們可以隔天來探訪的。萬一情況再進一步走下坡，我們隨時都會再通知你們進一步放寬到每天探訪，甚至二十四小時探訪。難過的是，那亦意味著……」

口罩下的陳小姐無奈地歎氣。

「你看到我身後那位男病友和太太通話嗎？」

「但是，我老爸點有能力呢？」

「他太太來電到他私人手機，我們才輕輕

拍醒他，接了電話給他們傾。你們若方便可準備較經濟又可視像通訊的電話給陳伯，我們行過聽到電話響了，可以盡量幫忙接通，用你們私人的電話夾固定瞄向陳伯，我們會行開繼續工作，讓你們看看陳伯，用你們的說話陪伴他，令他感覺到你們的愛。又或者你們錄製些家人之間的對話，我們可以幫手開著放他枕邊。」

「我要諗一諗。」

「能力所及，可以做到的我們都會盡量去做。當然，有空間或者需要，亦會盡快通知你們最新的探訪安排的。」

陳小姐點點頭。

「你們真是好錫陳伯，疫情之下，你們都要小心防疫，好好保重呀！」

大寒

寒冬最惡的一刻，
可是過了大寒，就是立春。

打電話定定神

醫院在疫情中的緊急級別下，取消了探病時間。頭腦尚清醒的昌叔，發現自己體能下降，雙手無力，間歇會不受控地發抖。

「昌叔，你覺得怎樣？」

「我點解會咁？」他聲音沙啞微弱，無神無氣。

「我見到你手在震。」

「我好震。」

「你係咪好驚？」

「係呀，點算呀！」

「我現在和你一齊．你有無宗教信仰？」

「無。」

「你以前遇到有些情況六神無主的時候，會點做？搵邊個？」

昌叔眼定定，半開口，無任何回答。

「有些人六神無主時會找耶穌基督，有人會找瑪利亞，有人找佛祖……觀音……關帝……爸爸……媽媽……」

「……我要打電話。」

幫昌叔在床邊找到他的手機，好在有電。

昌叔的手仍在發抖，無法按開關。電話上顯示的第一個聯絡人是——老婆。我按下去，接通後，就把電話放在昌叔耳邊。我無意聽他們對話，但手機裡傳來昌嫂説聽不到昌叔在説甚麼，我站在昌叔旁，也只能聽到他斷斷續續地發聲。

「這樣不是辦法！」我心想，就開口說：

「昌嫂，你那邊可以用視像通話的方式打給昌叔嗎？」

「好，我找仔仔打過來。」

接通了視像，昌嫂仍是聽不到昌叔說甚麼，但看到昌叔的口形，她彷彿「聽到」了。

視像中只見到昌嫂兩個大大的鼻孔和上半邊面。我稍微提示一下，很快又是這樣，可能她老花眼，要把手機拿近才看到他。

但昌叔沒有說看不見太太的樣子，還不斷用抖動的手去觸摸屏幕上老婆的眼睛。

昌叔說：「我要回家！」

昌嫂說：「你要加油！我同醫生講盡快讓你回家！你要乖，食多些……好啦，要講拜拜啦！」

他們互相講了好幾次拜拜，昌叔揮手拜拜後，視像通話終止。

昌叔閉目休息。

我再致電昌嫂，交代昌叔的胃口情況，突然要致電給她的因由。

「他之前有講，叫我們將來幫他唸經。」

「唸甚麼經？」

「唸喃嘸阿彌佗佛。」

「就重複唸喃嘸阿彌佗佛？」

「是的！」

「好，昌叔慌起來時自己唸唔到，你們可以在外邊幫他唸。還可以帶唸佛機來，我們替他開著，輕聲地唸。下次也帶插電話的免提耳筒來吧，看看收音會否好一點。」

囉囉攣想早點死

同事交更提到玲姐家人說：玲姐唔想再撐下去，想早點死。這馬上響起預防自殺的警示——我們馬上把玲姐由先遠離交更枱，相對清靜的位置，調到更枱附近，更易觀察任何異動的位置。

難得玲姐也主動提出想離床坐，很快便在狹窄的空間中移動床、椅。兩個同事合力助插有『天地線』（滿身喉管）的玲姐坐在更枱旁的大班椅。

半小時後，玲姐嚷著想返床休息。

「玲姐坐多陣啦！就開飯啦！食埋飯先啦！」

「我想返上床。」

「坐多陣，食埋飯先啦！」

玲姐合上眼，沒著聲。

同事行開，過了一兩分鐘，再回來：「玲姐，你係咪想上床？」

她點頭：「係。」她手撫摸著小腹：「我肚痛。」

「你肚痛，唔想再坐，想返上床休息。好的，我們返上床再講。」

在狹窄的空間，兩個人四隻手加上她身上的天地線……我們幫玲姐返回床上。

「你休息吓先，想額外要些止痛藥嗎？」

她點頭。

「口服的好嗎？」

「好。」

「止痛藥來了。」

「要食的？我想打針。」

「你想打針？要很快速止痛？」

她點頭。

「好的。我去準備。」

打了針，她説不想吃飯，亦不留飯，很快便入睡了。

在晚上吃藥的時間，她慢慢醒了。

「肚子還痛嗎？」

「減輕了些。」

「想吃些粥水、營養奶之類嗎？」

「不用，我只想快些死。」

「現在身體有不適嗎？」

「沒有。」

「晚上定時的藥已準備好了。」

「我不想吃，我只想快些死。」

「你覺得囉囉攣？心緒不寧？」

「是的！我噚日已經成日都想死，但係都死唔到。」

「生有時，死有時。我哋人人都排住隊，未到你就是未到你，輪到你想留亦留唔到。」

「我今日亦成日都想死，個人囉囉攣，我唔想再食藥唔想醫了，瞓唔到好辛苦，我點算好？」

「玲姐，我們就算死都是望死得舒服一點，你這些藥中有安眠藥，瞓到個人會舒服一點。藥丸一粒粒，你會唔會好難食呀？」

「難呀！」

「咁我幫你磨碎加些橙汁糖漿。」

「準備好啦！」一邊用匙攪拌一邊説：「你的牧師有找你嗎？」

「他昨天無……XY#%」聽不懂玲姐所講內容。

「現在醫院限制探訪，他想來都來不到。你想打電話給他嗎？」

「我不想麻煩他。」

「醫院本身都有院牧，不過亦入不到病房，我幫你聯絡我們院牧，他在電話上和你祈禱好嗎？」

「我唔想麻煩人。」

「那你平時唸什麼經的呀？」

「我不太識唸。」

「唸天主經？定主禱文？」

「主禱文。」

「好。你食完藥，我和你一齊唸主禱文好嗎？」

她點頭，亦一口一口把藥吃下。

手機召喚Google神出動……登登……主禱文！「開始祈禱：我們在天上的父……」

玲姐開聲接上，我細細聲看住手機跟：「願人都尊祢的名為聖，願祢的國降臨……」

她細聲下來時，我就大聲小小：「願祢的旨意，行在地上……」

如是者完了一篇，再來一篇：「我們唸夠三篇吧！」

玲姐說好。完結時我說：「祝福玲姐平安，今晚可以安睡，一切交託天父。」

她點頭。

「有時間再一齊祈禱呀！」

她再次點頭。

打電話給法師

疫情下難得有機會可以探訪，孫生在孫太床邊説：「姑娘，拜託你多些看看我太太，她時常都會痛，卻又忍住唔出聲。」

我望住孫生孫太：「孫太，你現在痛嗎？」

她點頭。

「需要多些止痛藥嗎？」

她搖頭，雙手不時握住床欄。

丈夫説：「她剛打過止痛針。」

「有好少少嗎？」

她點頭。

「現在哪個位置痛呢？」

丈夫説：「背脊。」

我問：「按摩吓？還是怎樣做你會舒服多一些呢？」

丈夫説：「我幫你按摩吓好嗎？」

孫太放開了一邊手，輕輕轉身，背向丈夫。我看到枱面上有按摩膏，向孫生點點頭，把床簾拉上。

我查看有關藥物紀錄。孫太三十分鐘前打過嗎啡，現在……應該仍有效……

孫生按摩完，拉開了床簾。

我行過去，孫太雙手無力地放床的兩旁，但眉頭是鬆開的。

我向孫生説：「雖然大半小時前孫太打過止痛針，但有需要的話仍有藥可用的。不過現在看來，孫太已經舒服了多一些，我們留意住吧！有機會不妨提提她，你不在身邊而有痛時，仍是有方法可以舒服一點的。」

「拜託，拜託！」

想像不到這對中年夫婦在這段日子所要經歷過的。由孫生口中所說出的這一聲「拜託」是有多重。

孫生向太太道別離開之後，我經過走去看看孫太：「孫生回家了，你還好嗎？」

「我唔想再牽住活落去了，大家都辛苦。」

「你講緊的，不單純是你身體上的痛。」

「我真係想可以快些可以完結。」

「你真係想你們大家的苦可以快些完結。」

「係呀！」

「過去你遇上大難題，會用什麼方法渡過？」

「今次真係無辦法。」

「唔。」我點點頭：「有人在這種處境下會求助於宗教，你有信仰嗎？」

「無。」

「你有拜祖先？」

「有。」

「有拜佛或者觀音？」

「有拜觀音。」

「你跟我唸：南無觀世音菩薩。」

「南無觀世音菩薩。」

「繼續：南無觀世音菩薩。」

「南無觀世音菩薩。」

「南無觀世音菩薩。」

「南無觀世音菩薩。」

「你繼續唸：南無觀世音菩薩。她是聞音救苦，會幫你離苦得樂。」

孫太點點頭，繼續唸。

我接通了佛教院侍的電話：「法師，孫太的情況……我現在方便接通你們的電話嗎？」

「可以呀！」

我用孫太的手機，接通了院侍的電話。

孫太雖然躺在床上，她雙手握著自己的手機和法師直接對話。她是那麼認真的聽。之後孫太說：「法師話幾時有需要我都可以直接打電話找她。」

隔天放假後返工，還想去看孫太，她已經往生了。

「感恩法師！」合十。

疫情下的臨終洗禮

第一次見文先生，面色蒼白，雙眼下垂，嘴巴半開。面容疲倦，人卻是清醒的。

床頭的指示牌有：左右耳聽障、小心餵飼、臥床……床尾桌上放著漱口用品、院方的助聽器等。

我把助聽器開了，收音咪的一端掛在我的制服胸前，再把耳筒一端替文生戴上。

「你好呀！文生。我是護士安姑娘，今晚負責照顧你的。你現在好嗎？舒服嗎？」

文生即時瞪眼，注視著我說：「幫我搵牧師！」

這實在超出我意料，我對準收音咪說：「你想我幫你搵牧師？」

「係！你幫我搵牧師，我要洗禮。」

「哦！好！你想搵牧師，你想洗禮，你有家人是教友嗎？」

「我的外母是教友。」

「你以前有聽過道理嗎？」

「有。」

「你說的洗禮是基督教，還是天主教呢？」

「基督教。」

「好的，那我清楚了，我幫你聯繫一下吧！」

疫情下，醫院在緊急級別中，院牧探訪已停了一段日子，點好呢？

接通了電話：「陳院牧，我是安安。我們有位病人文先生，他的情況不大樂觀，他想搵牧師受洗。你可有辦法？」

「我們已經停止了醫院探訪的服務。目前我們是被禁止返醫院的。」

「噢！那怎辦好呢？我重複問了他兩次，他兩次都很清晰的回應我想洗禮，入基督教。」

「其實只要他是決心要信主，決志比行洗禮的儀式重要。」

「我明白的。文先生估計餘下大概一兩週的時間……對於能夠接受到洗禮，文先生很看重。唔……所有院牧都不能返醫院，還有誰可以為文生施行基督教的洗禮呢？」

「唔……你試吓聯絡文先生家人，看他們能否請牧師以親友身份探訪……」

我明白了：「牧師和一位家屬探訪，探訪期間就可以施行洗禮。」

「牧師可能要先要文先生決志，遲些才正式為他施洗。」

「好的，那就交牧師處理好了。」

電話接通了家人：「你好！我是××醫院××病房安姑娘。」

「你好，我是他太太。」

「文太你好！剛才文生向我表示想搵牧師洗禮，現打來是想和你商量一下。」

「洗禮？我從來都無聽他講過。」

「他提出這要求時，我都有問有沒有家人是教友，他回應說他外母是教友。」

「係就係，但是點會突然話要搵牧師洗禮的呢？」

「你聽落有點覺得奇怪是嗎？我問他以前是否有聽過道理，他回說有。文太你對這有所聞嗎？」

「咁佢之前出出入入住院，還有我媽媽在生前，都有同他講過道理的。」

「文太，咁你本身是教友嗎？」

「我無信的。」

「咁，你有辦法聯絡到牧師來為文生施行洗禮嗎？」

「睇吓啦……」

「你們家裡仲有人是教友嗎？」

「我死了的大女。」

又一個超出我預期的回應，但事情似乎又清晰多一點了。

「想不到是這樣，文太，你猜想文生的這個心願是認真的嗎？」

「若然是真，我試試聯絡媽媽的牧師吧！」

「謝謝你！我一陣就這樣回覆文生讓他安心啦，你明天來探文生時，我和你再一起問問他。」

兩天後，電話接通了文太，確定了牧師來訪的安排。提醒文太基於防疫探訪的限制：施洗禮儀亦只能容許牧師和太太在現場，其他親友、教友只能藉視像方式一起參與。片段紀錄亦可留為記念。

感恩往後事情總算順利。文先生日漸衰敗的面容上，多一點平安詳和。

雪花憑什麼蓋住森林？

在醫護前線打滾，生老病死變成家常便飯，長年累月要不麻木多了，視而不見，要不自己傷心死。

麻木有好處嗎？有。工作是純工作，自己減輕了傷感，可以做落去。

有壞處嗎？有。工作是純工作。眼前每個都沒有分別。

「我不想幾年後、十年後又或者幾十年後變成那些『老海鮮』。但是當你見盡各種毫無生活品質，每天都是待死的病者。由初出道滿懷理想一片雄心，慢慢熱情冷卻，逐漸灰暗，最後口出惡言。唉！」

「在這有限的生命中你選擇了這個崗位。當你看不出他們活著的意義時，你在這崗位又想賦予一個什麼的意義呢？」

「一個人的力量太小了。」

「你看過真實的下雪嗎？」

「旅行時見過。」

「雪花很輕，很細。」

「是呀！落在手上便融。」

「對呀，小小的雪花能令整條街道，整棟房屋甚至整遍森林都變為雪白，關鍵是什麼？」

「持續地落。」

「對，即使只有你自己一個人，只要心念能持續，多大的森林都會因雪花而變色。」

「但是，在惡劣的大環境下，我真不敢說自己能否保存心念不會由紅變黑。說話能夠時刻體諒而不出惡言。」

「有這份覺醒，每日發這一份心念。念念自有迴響。」

立春

冬去春來，萬物復蘇。

過時過節額外感恩

大時大節因為工作而要待在醫院，吉慶時間病房一樣有機會遇上病友過世、「打包」不吉利……這會否全年行衰運？相信抱著謙卑的心行善，種善因，得善果，我是感恩的。

陳伯一直很想回家度歲，畢竟他自己比誰都清楚，這將會是最後的一個在世的農曆新年。

陳伯的家人卻百般不願接他回家，而陳伯身體上的痛楚，二十四小時都用著針機，仍要不時要額外注射止痛藥。這種無奈和無助，使他更不想久活下去——雖然他沒有說出自殺的念頭，我們都很小心不斷留意。

其他的病友死的死，回家的回家。

這邊有人按鐘求助「咇……！」，那邊防跌床墊因為病人轉身不時誤鳴：「咇咇！……咇咇！」；姑娘同事間彼此交談、姑娘與病友家屬的對話、床簾或儀器拉動的聲音……在醫院這種環境，即使用了安眠藥，房間關了燈，失眠、早醒，都是平常。能夠一覺睡到天亮，何等奢侈。

有時聽到家屬讚歎醫生、姑娘、姐姐好耐性，可是相比之下，病人要承受著身體不適，心情低落，仍需要適應住院的環境，這樣難以順心，絕大多數病友仍能體諒醫護人員。他們的忍耐和包容令我汗顏。

電視上早晚播著外面節日的熱鬧氣氛，家屬早已疲累不堪，若果你是這病友的朋友、鄰居、舊同事……介意在農曆新年的日子，百無禁忌的來醫院，用行動去表達你的關心，為他和他的家人們送暖嗎？

一壺住家湯水、節日的食物，即使病人不能吃，對家屬可以非常窩心。

若果你往常過年都會有空檔，有興趣預先加入醫院義工行列？在大時大節陪伴陌生的病人、家屬同行？

最後的情人節

接更時同事特別提醒：文叔早兩天因為痛到想自殺而入院。我在病房看見文叔正在閉目休息，便一邊工作一邊觀察：他是否仍然疼痛難耐？仍想自殺嗎？我如何跟他開始談話？

文叔在床上，手、腳、臉部似乎在動，我主動走過去。他感覺到，就張開眼睛。

「文叔，入院後現在的痛好些嗎？」

「噢！好很多了。」

「那就好了！你覺得點呀？」

文叔很平靜地回答：「我唔想時間拖得太長。」

「若果拖長了，你會想到……？」

「我唔想家人太辛苦。」

「你擔心會負累他們？」

「唔。」他坐在床上，看著自己的腳，點點頭，再望著我。

「就算你自己有病，這段時間一直痛到這兩天入了院才好點，你都仍然為家人著想，真係好錫他們。這幾天身體還有什麼變化嗎？」

「轉變很大，早兩天還有胃口，每餐吃到一碗粥，今天已吃不下，只吃到兩三口。今早講話仍沒什麼的，現在你聽我把聲。」

「你把聲有些沙……雖然你仲講到，但就無乜中氣。以這兩日的進度，你估計會不會有一年半載呢？」

「應該唔會。」

「三五個月呢？」

「都唔會。」

「咁若果只剩一個多月，對你家人來說會否仍然太長？」

「我希望剩一個星期到十日左右。」

我心想，可能不止十日，那似乎有別的問題。我繼續問：「若只剩十日左右，你希望點過？」

「我已經準備好了，無什麼特別要點過。」

「你有宗教信仰嗎？」

「無。我拜祖先的。」

「你估死時係點㗎？」

「我估會見到以前過世的親人。他們會來接我。」

「到時你會很灑脫地跟祖先離開？」

「希望係咁。」

「當你的情況越來越差，去到一個階段雖然口講唔到，手腳活動唔到，但仍可以知道或者聽到你家人在叫住你，你會唔捨得？」

「我會唔捨得兩個仔。」他有點尷尬：「未飲新抱茶。」

「哦！」我亦跟住笑笑：「咁有著落未呢？」

「十劃都未有一撇。」

「以你幾十年的婚姻生活經驗，會有什麼錦囊想留給兒子呢？」

「無諗過，不過都真係有……」他在想。

「除了兩個兒子呢？」

「唔……都無了。」

「太太呢？」

「唔……都已經老夫老妻……」

「剛過的情人節，好大機會是你們最後一個情人節。你對太太有無什麼表示呀？」

「無，又真係無。幾十年都無。」

我笑笑口：「唔好咁無心肝啦！她同你一齊幾十年，趁自己仲有意識能力去表達，好好把握機會啦。睇吓在你行畢業禮之前有什麼驚喜或者驚嚇想留給她吧！要幫手就出聲。」他聽了笑一笑。

「你兩個仔有樣學樣㗎。」

心中的英雄

李先生即將離世，即使八十多歲的李太和女兒一早心裡有數，然而面對那一刻來臨，始終都是手足無措。

李太雙手握著李生，默默地坐著陪在床邊。那沉寂的靜，彷彿令時鐘上的行針都凝止。

我向站在床尾的女兒點點頭，慢慢從李太身後走近，雙手輕輕的放在她肩上。她回頭望一望我，再望向李生。我微微俯首問：「李太，你和李生做了幾多年夫妻？」

「我哋……六零年……唔係…係六一年結婚……超過六十年，接近七十年了！」

「作為丈夫，你對他有什麼評價？」

「他好好㗎，成世人嫖賭飲吹樣樣都唔好，搵百七蚊就俾百六給我當家，自己就先使那十蚊。堂堂一個大男人呀！」

「聽落你都……感激他對這個家的擔當，又……好慶幸……」

李太轉向李生：「係呀！我真係慶幸自己嫁到給你！」李太把李生的手握得更緊，李生大力呼吸，左眼有少少跳動。「好感激你咁辛苦為了我們頭家。每朝八點就出門工作，直到夜晚十二點才返來。」

「你一路講，有見到剛剛李生的左眼皮跳了一下嗎？」

「有呀！我見到呀！」

「你們總算白頭到老。行到今天總有一個要先行一步，而現在是你送李生一程。」

「係呀。」

「咁他作為父親，你又有什麼評價呢？」我

並沒有特定問李太或者女兒。

女兒隨即雙手按在李生肩膀上搶著説：「爸爸你在我心目中是一個英雄！你仲記唔記得你常常幫我打甲甴呀？仲有次，啲同學用甲甴嚇我，你幫我出頭教訓他們呀！」

「係你最驚、最徬徨無助的時候……」

女兒急不及待地搶説：「爸爸，我愛你呀！你講過我係最愛你的大妹，你永遠係我的英雄。」

「雖然爸爸要長時間在外工作養家，他為子女用心所做過的事，就算小事，子女都會銘記於心的。」

「我永遠都會記得。」

「李生永遠都會在你們心入面，是心中的英雄。」

輝仔，謝謝你！

輝仔先天四肢痙攣，有視覺、聽覺、觸覺感官和智能障礙，不時癲癇發作。他所患的癌症本來治癒率相對高的，可惜因為先天的疾病，無法好好接受電療，因而來到寧養科。

以往這類先天疾病的小孩，不容易活到中年，家人也會受到很多壓力、冷言冷語。好些孩子沒有機會入學，一些還會成為孤兒。

輝仔幸運地有很多兄弟姊妹，雖然和他一樣年紀都大了，仍然輪流來探訪。言談間，會說起輝仔小時如何奇形怪狀地走路，一個人被放角落自己吃東西，兄弟姊妹大伙兒地玩，只會偶然眼角望望他。

十年前輝仔入住政府宿舍，讓年老母親稍稍放下一點牽掛。

輝仔最初來到寧養科，我們向院舍姑娘了解輝仔的生活，原來他多了不時尖叫。眼前的他面容扭曲，變形的肢體不住地動，除了發出古怪的聲音，還常常口吐白泡、鼻涕帶血色，可是眼神很堅定。我們不很知道他要什麼，猜謎一樣地照顧，慢慢地症狀穩定了下來。

當輝仔吃完，我們整理他的枕頭時，他會用力扭動上身，抬起頭去配合我們：「唔該！」好幾位同事都會在工餘時，談起輝仔獨特發音的「唔該！」

這次他由宿舍再次入醫院，已經不能進食，反覆發燒，昏沉地躺著，面上不再有昔日扭曲變化的表情。兄弟姊妹連同不良於行的母親，都來了，淡淡然之中帶著不捨。

我們向家人解釋，他開始昏昏沉沉，倒數時間以日計，預期會在睡夢中步向死亡。

輝仔很容易有褥瘡，所以用上最好的減壓床褥，各位同事也用盡方法預防和減緩，然而每天替他轉身洗壓瘡傷口，仍然一天比一天差。

看著輝仔彷彿與生俱來的咒詛，卻以生命力活了幾十年。我忍不住對他說：「輝仔，你的身體已經衰敗了，你的母親和兄弟姊妹雖然不捨得，但亦準備得差不多了。當你亦準備好，就可以隨時放下這身體，踏上新的旅程。」

他眼睛眨了幾下，焦點放遠。

回家的路上，我想著他，心裡說：

輝仔，我想對你說聲多謝！謝謝你承受著身體各種不適之餘，對我們百般忍耐。多謝你提醒我，對今日仍能活動自如的身體感恩，能夠隨意開口說話，動動指頭便可以筆耕，提醒我可以善用一切看似理所當然的自由，選擇行善。雖然我不能透露你的真名，請容我借這平台把你的生命記下。願你啟發所生的善行、善業，功德迴向給你。願你這生所受的苦果，轉化為很多生命的善，願你帶笑繼續前行。輝仔，祝福你。

紓緩科？好做？唔好做？

有位家屬問：「安姑娘，我只是面對自己親人快要離世都咁難過，你在這科工作咁多年，咪好辛苦囉？」

我微笑，心裡卻回說：「真的，每個人都有他的崗位。護士的崗位在很多人來說本身已經不是每個人都可以做到。猶如戰地般的工作環境中，你可以透支幾多？義氣又可以捱幾多？」

有人說：護士薪高糧準喎！

可是權衡所付出的體力、心力、輪班對家庭的影響，真誠去問自己，你願意嗎？

甚至有醫療界的同業會說：「在寧養科咪好些囉！有時間可以坐下同病人家屬傾偈。向住身心社靈全人護理的理想實踐，在其他科根本無可能。」

可是當寧養科一樣加床，只看入住率，有無看出入人數？要求平均住院日數在兩週內，本科病人多少次去了急症室或入了急症醫院？在家、護老院、紓緩病房當中有幾多個有自殺風險？要處理的徵狀有幾複雜？病人和家屬的期望要求有幾高？一個病人背後有幾多個壓力爆煲的照顧者？一個病人去到晚期身上可以有幾多個傷口要處理？那些傷口可以有幾複雜、驚嚇和噁心？……

疾病對一個人、一個家庭的折磨、衝擊，無休止的一個接一個入院，幾經出出入入之後，一個接一個的離世——當一個接一個被要求的達標數字、文件表格、病人、家屬在你面前排著隊等你，你會如何自處？

有時我反問自己：你不鼓勵年青人入行，

甚至唔鼓勵入寧養科嗎？

但心裡會回答：年青人好、成熟有閱歷的亦好，人有理想，亦要認識自己。聽自己內心對自己的呼喚。

社會上各個崗位都那麼獨特。每一步都會發現難點和樂趣。每一步都會有新挑戰、衝擊和學習。

大浪湧至，你可以被浪捲入海底，從此消失得無影無蹤，亦可以手握游經身邊的海豚、海龜，助你由海底浮返水面。當你能夠和水成為朋友，如魚得水時，你可以在浪上乘風破浪，在浪中可以滑浪飛馳。

不一定可以事先知道何時再被海浪捲入海底，時刻謙卑，踏穩每一步，打開眼睛，認真聆聽，每位病友、家屬在他們的苦難中都以不同的方式，無私教授，同行的我，只能感恩回饋。

世界除了海，還有天，還有地。

宇宙除了地球，還有銀河，還有……將來面對自己死亡的那一天，終極要面對的是什麼？

當全世界都面對人滿之患，工作令人身心俱疲，紓緩科豈能獨善其身？

當你面對被大浪捲入海底的病人和家屬，能夠選擇離地隔岸觀火？即使隔岸觀火，甚至另覓天地，還是嘗試親入火場實測各種救火工具？

行開吓去旅行？看場戲？大吃一頓？做運動？做按摩？去避靜？做默觀？聽開示？吃藥調理？做蛋糕？做園藝？投入音樂藝術的世界？……

有幫助嗎？無幫助嗎？

世界就是這麼多元，方法、深度處處有學問。

海底的豐富那麼令人目不暇給，整個都是經歷、旅程。每人自己的深度遊，總有要探索的部份。晚上找到一席之地，偶然遇上可交流互動的人、小狗、大象，勿忘呼吸、進食、休息。

祝你的人生旅程豐盛愉快。

作者　安姑娘
編輯　陳曉蕾
書籍設計　Half Room
插圖　missquai
出版　大銀力量有限公司
九龍油麻地上海街 433 號
興華中心 21 樓 03-04 室
bigsilver.org
發行　大銀力量有限公司
承印　森盈達印刷製作
印次　2021 年 12 月初版
規格　148mm×210mm　352 面

BIG SILVER
COMMUNITY
大銀力量